先生のための
アンガーマネージメント
対応が難しい児童・生徒に巻き込まれないために

本田恵子

ほんの森出版

はじめに

　平成24年度文部科学省初等中等局児童生徒課による「児童生徒の問題行動等生徒指導上の諸問題に関する調査」によると、児童・生徒による暴力行為は約5万6000件で、千人あたり4.1件の暴力が発生しています。

　暴力件数は、全体としては前年度よりも減少していますが、校種別内訳では、小学校が8,296件で前年度より1,121件増加。暴力行為の内容では、生徒間暴力が前年度より増加しています。また、暴力行為が発生した学校は25.3％と増えており、低年齢層に暴力が広がっている様子が見られます。同調査によるいじめの状況は、小・中・高校・特別支援学校における認知総数が19万8千件と前年度よりも12万8千件増加し、児童・生徒千人あたり14.3件（前年度は、5.0件）になっています。

　一方、教員による対生徒暴力については、平成24年度に体罰で懲戒処分などを受けた公立の小・中・高校教員は2,253人になり、過去最多です。体罰の対象になった児童・生徒は4,686人であるため、一人が複数名に体罰を行っていることになります。校種別内訳は、中学校が49％と最も多く、小学校が29％、高校が22％でした。対立が生じたときにうまく言葉で解決する力が、教員、児童・生徒ともに必要であることがわかります。

　この状況を受けて、平成25年には「いじめ防止対策推進法」や「体罰根絶に向けた取組の徹底について（通知）」等が出されていますが、大切なのは指導が難しい児童・生徒に対する有効な手立てを教員が持つことだと思います。

　著者は、これまで法務省の委託を受け、暴力性向の進んだ保護観察対象者への暴力防止プログラム（90分を5回）、矯正施設内における暴力防止プログラム（90分を18回）を開発・実施してきました。

　また、学校におけるアンガーマネージメント・プログラム（50分を6～8回）を実施し、児童・生徒の人間関係の改善に協力してきました。現場で対応する教員は、児童・生徒から暴言や暴力を振るわれる危険性があるため、彼らのアンガー状態に巻き込まれない心構えやスキルを必要とします。

　本書は次のような構成になっています。

　第1章では、第1節でまず児童・生徒がキレはじめた段階で欲求を素早く見立てるには何に注目すればよいかを理解します。

　次に、彼らが自分で自分の気持ちをさやに収めるための声かけの仕方を学びます。

　最後に、その欲求を適切に表現するための支援の方法を練習します。

　第2節は、先生自身のストレスマネージメ

ントです。対応が困難な児童・生徒に対応していると、自分自身が身体的精神的に疲弊していきます。まじめな先生であればあるほど、自らを追い詰めてしまいがちです。現場で冷静に対応するためには、先生自身が素早く落ち着く力を身につけておくと、児童・生徒の手本にもなります。

第3節では、児童・生徒をキレさせないための具体的なコミュニケーション方法を学びます。また、現場対応は危機介入と同等のストレスがかかりますから、第4節では、CIS（Crisis Intervention Stress：危機介入時ストレス）への知識と対応策について解説しました。

第2章は事例編です。さまざまなタイプの児童・生徒、教職員、保護者に対して、どういう対応をすると相手を怒らせてしまうのか、どういう対応をすると冷静に話し合いができるのかを、具体的な事例を通して解説していきます。

面談場面は会話を逐語で載せていますので、ロールプレイの練習として活用することもできます。

第3章はワークシート編になっています。コピーして児童・生徒と一緒にできごとを振り返るときに活用してください。また、ご自身のできごとを振り返り、対応策を考える際にも使っていただければ幸いです。

第1章の「できごとを一連の流れで整理する」ワークを研修会で実施すると、先生方から、「ああ、ここで対応できたのですね」「ここまできたら、もう長引くね」等といった意見がよく出されます。

初期対応が大切であるにもかかわらず、初期だからこそ「様子を見よう」と待ちの姿勢になりがちなのです。

アンガーは「さまざまな感情が入り乱れている状態」ですので、初期段階で感情がはっきりしているときに対応すると、落ち着いてお互いに納得のいく解決策を見つけやすくなります。

本書が、学校現場の先生方の助けになることを願っています。

2014年8月

本田　恵子

先生のための
アンガーマネージメント
もくじ

はじめに … 2

第1章　理論編

第1節　アンガーの理解 … 8
1　キレるとは？ … 8
2　アンガーの理解とアンガーマネージメントの目的 … 8
3　刺激と反応のパターンを知る … 11
4　自分の考え方に気づく … 17
5　状況を客観的に見るには … 18
6　自分らしい表現方法を見つけよう … 22

第2節　職場でできるストレスマネージメント … 26
1　ストレスとは？ … 26
2　ストレスによる反応 … 27
3　ストレスへの対応方法1　応急処置 … 29
4　ストレスへの対応方法2　ストレスの元を直接解決していく … 33
5　不適切なストレス解消法 … 37

第3節　キレない、キレさせないコミュニケーションスキル … 39
1　相手が感情的になっているときにしてはいけないこと（NG集）… 39
2　素早く落ち着かせるための基本的な対応 … 40
3　相手の目線でできごとを聴く … 41
4　明確化とは … 42
5　傾聴から明確化に進む面接事例 … 46
6　メリットとデメリットの整理 … 47
7　認知の変容や自己変容段階で指導者の理想を押し付けないためのポイント … 48

8　言い訳ではなく、説明をする … 52
　　9　自分も相手も納得できる解決方法を探す … 53

　第4節　支援者のストレス … 57
　　1　CISと応急処置 … 57
　　2　CISを生じさせやすいタイプ … 59
　　3　CISへの対応 … 60
　　4　自分のレスキューノートをつくる … 62

第2章　事例編

　第1節　反発するタイプへの対応　反発するタイプの特徴と基本的な対応 … 64
　　1　大人に反発する子どものタイプ … 64
　　　事例1：大人を極端に警戒する道夫くん（中学生）… 65
　　　事例2：特別支援を受け入れない太郎くんの保護者 … 70

　第2節　引きこもるタイプへの対応 … 76
　　1　引きこもるタイプの特徴とよくある考え方 … 76
　　2　引きこもるタイプへの基本的対応 … 76
　　　事例3：追い詰められて固まるまるおくん（小学生）… 77
　　　事例4：励ますつもりが人格否定（高校生）… 82
　　　事例5：抱え込むタイプの先生への対応（教頭先生が先生を指導する場面）… 85

　第3節　相手の出方を試すタイプへの基本的対応 … 88
　　1　相手の出方を試すタイプの特徴とよくある認知のゆがみ … 88
　　2　相手の出方を試すタイプへの基本的対応 … 89
　　　事例6：ベタベタタイプのあおいさん（小学生）… 89

事例7：周囲に愚痴を言いまわって振り回す先生　（校長先生が対応する場合）… 93

第4節　発達障害児への対応 … 97
　1　発達障害児の認知と感情の特徴 … 97
　2　発達障害児へのアンガーマネージメントの基本 … 98
　　　事例8：定義の違いによるすれ違い（中学生）… 98
　　　事例9：不注意から誤解が生じやすい生徒（高校生）… 102
　　　事例10：保護者の不安をあおってしまった校長先生 … 106
　　　事例11：こだわりタイプと衝動性タイプのトラブル（小学生）… 112
　　　事例12：いじめられていると被害的な子（小学生）… 116

第3章　ワークシート編

　　気持ちを整理するノート … 120

　　できごとを整理するシート①　「自分の刺激と反応を整理する」… 121

　　できごとを整理するシート②　「行動を相手との関係で整理する」… 122

　　アンガーチャート … 123

　　わたしのSOSリスト・黄色信号のときにできることリスト・
　　赤信号のときにできることリスト … 124

　おわりに … 126

本文イラスト／よこはるか

第1章

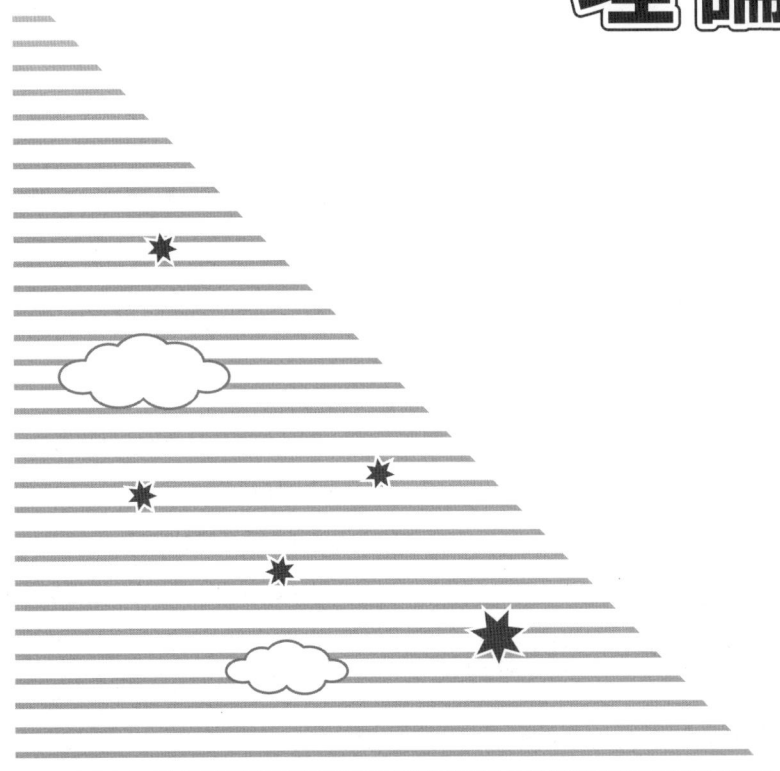

理論編

第1節 アンガーの理解

1 キレるとは？

キレるとは、①感情の自然な流れがキレてしまうことと、②人間関係を絶ち切ってしまうことという2つの意味があります。

私たちは、落ち着いている状態ではさまざまな感情を表現できますが、キレている状態では興奮したり感情が動かなかったりします。その状態で人と話をしたり冷静に対応したりするのは困難ですし、周囲の人も興奮したり固まっている人と対応するのには気を使います。このように感情がキレている状態だと人間関係もキレていってしまうのです。アンガーのタイプには、激情型、ため込み型、パニック型、ねちねち型などがあります。詳細は、『キレやすい子の理解と対応』（本田、2002）を参照してください。

2 アンガーの理解とアンガーマネージメントの目的

アンガーは、単なる怒りではありません。さまざまな感情が入り乱れ、混沌とした状態のことを言います。

心の中がアンガーの状態であると、自分ではどんな気持ちか認知しにくいため、刺激に対して反射的な行動をとりがちになり、衝動性が高まります。

また、アンガー状態になると、身体や考え方に変化が生じます。まず、生理的反応として血圧上昇や低下、のどが渇く、心拍上昇などが起こります。身体が興奮し始めると認知反応が低下するために言葉が出にくくなり、客観的に状況を見る力が低下してきます。その結果、状況を冷静にとらえ、適切な解決策を見出すための創造的思考力も低下してしまうのです。

したがって、アンガーマネージメントでは3つのことを行います。

①生理的反応への対応をするための、興奮した心の状況の沈静化・ストレスマネージメント力をつける。

②認知反応への対応をするために、混沌とした心の状態の整理や自分の欲求の理解を行い、歪んだ認知の変容（思い込み、Black or White、被害的、過小評価など）をする。

③向社会的判断力や行動力の育成（ソーシャルスキルトレーニング）を行う。

図1　欲求と表現方法

防衛機制の種類

1. 抑圧
出さないようにする「怒ってはいけない」

2. さける
あきらめる、逃げる、寝る、すぐ転職

3. 代償
物に当たる、過食、飲酒、喫煙、薬物

4. なすりつける、刷り込み
自分のイライラを相手にいいつけて発散させる

5. 同一化
自分が欲しいものをもっている人と同じ格好や行動をする

6. 忘却
気持ちを抱えるのが苦しいので、関係ない、なかったことのように忘れようとする

7. 合理化
自分が傷つかないように「きっとこうに違いない」と理由をつける

8. 分裂
いやな部分を、切り離す。乖離が生じやすい

9. 退行
退行現象。自分がより安全だったときの年齢に戻ろうとする。爪かみ、依存など

道徳・規制

～すべし！ルールづくし
これが当たり前！
それはダメ！
大人なんだから！
女・男らしくしろ！

主観的に
一部だけを見てしまうとストレスがたまります

客観的に
全体（自分も人も）を見ることができるとストレスはたまりません

ストレス

心配・恐い　さびしい
～したいなぁ
～はイヤ！～がむかつく

欲求

自己実現欲求
自分らしい特技や自信を持ちたい

社会的な活動への欲求

承認欲求
親・先生・友達に認められたい

所属欲求
友達になりたい、居場所がほしい

安心欲求
安心したい、守ってほしい

生理的欲求
食べる、排泄（トイレ）、睡眠（寝る）、苦痛回避（いやなことを避けたい）

自分の欲求がどのレベルのものなのかを理解することが大切です。本当は何を求めているのかを理解できると、正しい表現方法に変えることができます。

アンガーの正しい表現方法

①自分の気持ちや考えがわかっている
・どんな気持ち？
・誰に？
・その程度あるの？

②気持ちや考えを伝える方法を持っている
・深呼吸やリラックスの方法を知っている
・イライラした気持ちを言葉にできる
・話を聞いてくれる人がいる
・気持ちを切り替えるスポーツや趣味がある

③問題を解決する方法を知っている
・相手がなぜそういうことをするかがわかる
・相手の気持ちがわかる
・具体的に対立を解消することができる

（交渉力・新しい解決策を生み出す発想力・相手に理解してもらう力）

できごとを整理するシート①　「自分の刺激と反応を整理する」

　どのようなことがあったり言われたりすると、あなたはどのような行動をしたりどのようなことを言ったりしますか？　整理してみると自分のパターンが見えてきます。

〈記入例〉

できごと	→	自分の言動とその結果 起きたこと
授業中に生徒が勝手におしゃべりをしている	→	「静かにしなさい」と何度も注意しているうちに、説教になってしまう
余裕がないところに、上司から新しい仕事を頼まれる	→	断われずに、無理をして体調を崩したり、家族に負担をかけたりしてしまう

1　うまくいかないときのパターン

できごと	→	自分の言動とその結果起きたこと
	→	
	→	

2　うまくいくときのパターン

できごと	→	自分の言動とその結果起きたこと
	→	
	→	

3 刺激と反応のパターンを知る

まず、自分や生徒がどんな刺激に対してどのような反応をするかを理解しましょう。前ページの「できごとを整理するシート①」を用いて自分や生徒がストレスを感じる場面でうまく対応できるときと、うまくいかないときのパターンを整理してみてください。その場合、対象者別にすると自分がどのような相手にどのような行動をとるかがわかります。

1）児童・生徒に対して、2）保護者に対して、3）同僚に対して、4）上司に対して、5）家族に対して、などです。

対応する相手の行動パターンがわかっていると、マイナス行動が出る刺激を出さないように予防できます。また、その相手に対する自分の行動パターンがわかっていると相手のアンガー状態に巻き込まれずに冷静に対応することができるからです。

行動パターンは図1の「欲求と表現方法」の左側に例がありますので参考にしてくださ

よい行動がでるときのできごと

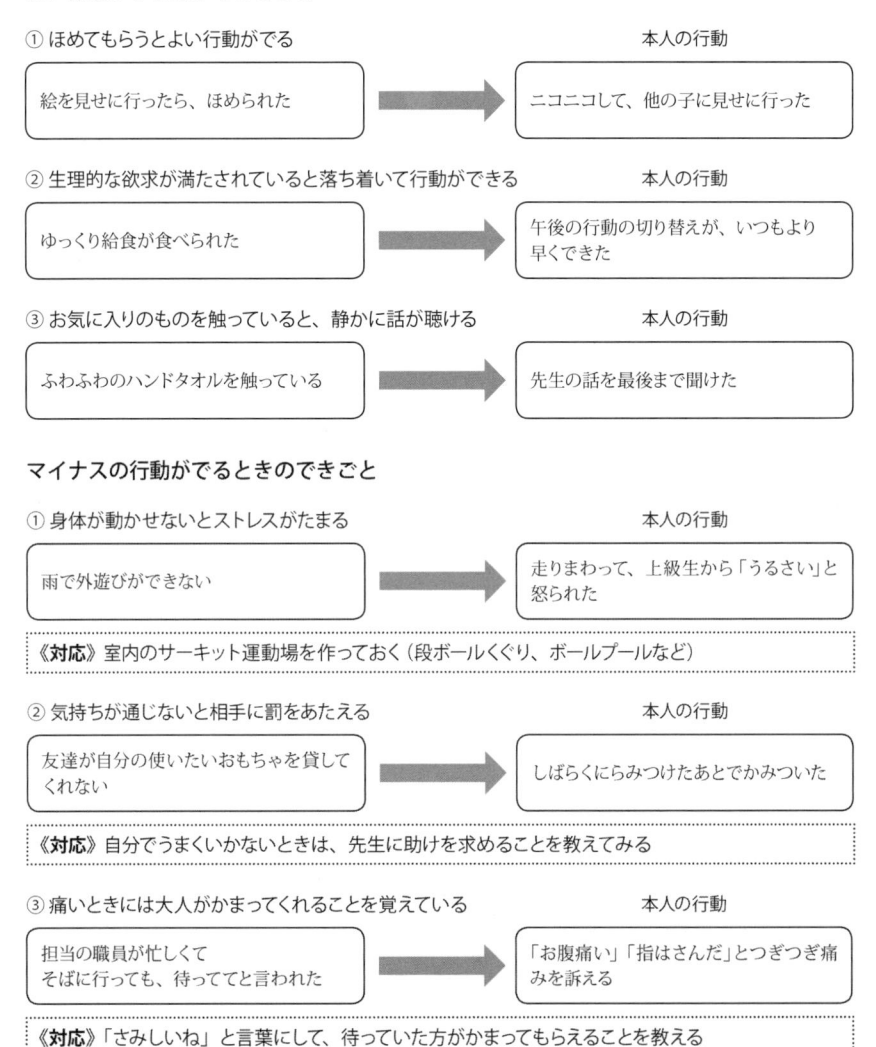

① ほめてもらうとよい行動がでる

できごと	本人の行動
絵を見せに行ったら、ほめられた	ニコニコして、他の子に見せに行った

② 生理的な欲求が満たされていると落ち着いて行動ができる

できごと	本人の行動
ゆっくり給食が食べられた	午後の行動の切り替えが、いつもより早くできた

③ お気に入りのものを触っていると、静かに話が聴ける

できごと	本人の行動
ふわふわのハンドタオルを触っている	先生の話を最後まで聞けた

マイナスの行動がでるときのできごと

① 身体が動かせないとストレスがたまる

できごと	本人の行動
雨で外遊びができない	走りまわって、上級生から「うるさい」と怒られた

《対応》室内のサーキット運動場を作っておく（段ボールくぐり、ボールプールなど）

② 気持ちが通じないと相手に罰をあたえる

できごと	本人の行動
友達が自分の使いたいおもちゃを貸してくれない	しばらくにらみつけたあとでかみついた

《対応》自分でうまくいかないときは、先生に助けを求めることを教えてみる

③ 痛いときには大人がかまってくれることを覚えている

できごと	本人の行動
担当の職員が忙しくてそばに行っても、待っててと言われた	「お腹痛い」「指はさんだ」とつぎつぎ痛みを訴える

《対応》「さみしいね」と言葉にして、待っていた方がかまってもらえることを教える

い。

　パターンが分けられたら、どういう刺激でよい行動が出るのか、どういう刺激はマイナスの行動が出るのかを欲求別に整理してみます。まず、生徒の例で考えてみましょう。

　生徒Aは、ほめられるとよい行動が出ますが、生徒Bは生理的な欲求が満たされたときによい行動が出るようです。生徒Cは安心できるものを持っているとおしゃべりがおさまります。一方、マイナス行動を整理してみると、生徒Aは、身体が動かせないとイライラが高まって走り回りますし、生徒Bは、自分の気持ちが通じないと同じ痛みを友達に与えてわからせようとしています。生徒Cは、さびしいと身体が痛くなっています。パターンがわかったので、マイナス行動が出そうな刺激が予測できるときは、欲求を適切に表現できる環境を整えておくことで、よい行動を導くことができます。

　次に、行動を一連の流れで整理してみましょう。生徒Aの例で説明します。Aさんは、身体を動かすのが好きで、友達にほめてもらうとよい行動が出る生徒です。

　ある雨の日、教室の中を迷路ごっこをして走りまわっているうちに机にぶつかって、友達がやっていたオセロが床にバラバラと散ら

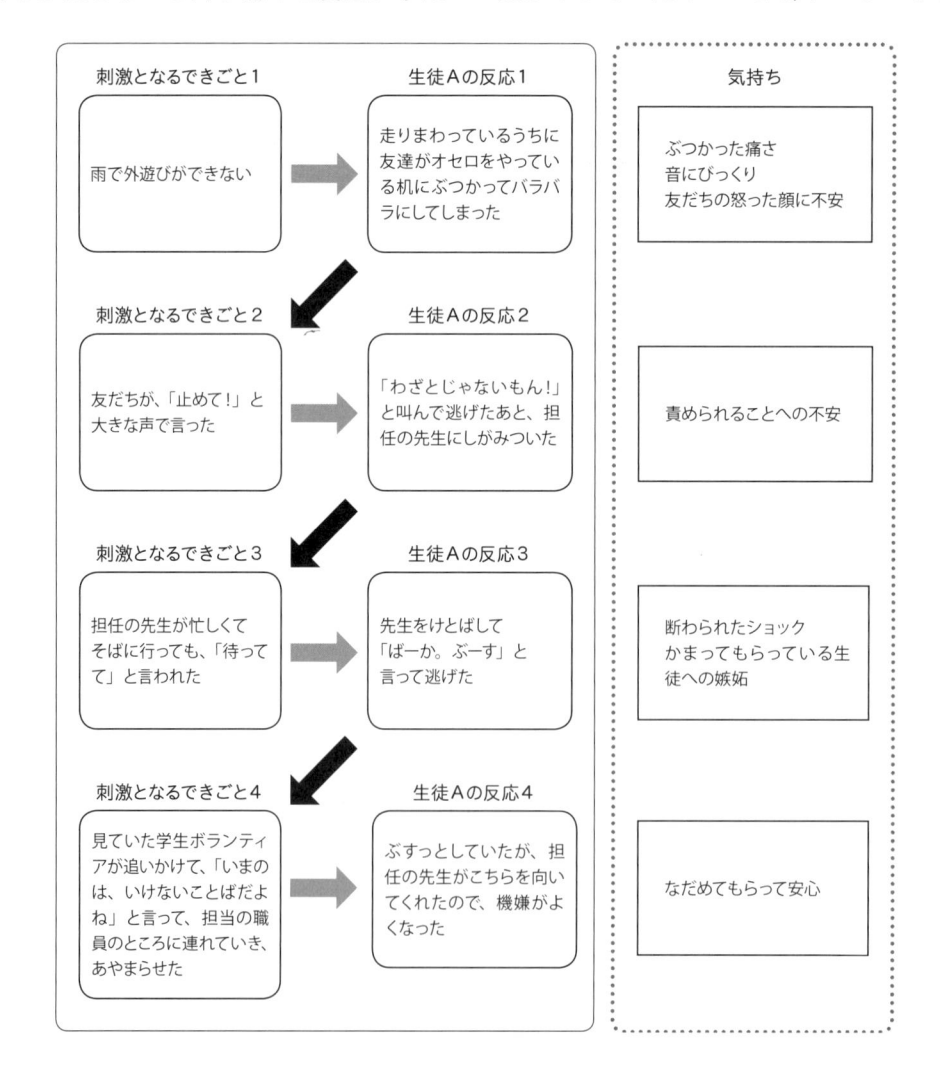

刺激となるできごと1	生徒Aの反応1	気持ち
雨で外遊びができない	走りまわっているうちに友達がオセロをやっている机にぶつかってバラバラにしてしまった	ぶつかった痛さ 音にびっくり 友だちの怒った顔に不安
刺激となるできごと2	生徒Aの反応2	
友だちが、「止めて！」と大きな声で言った	「わざとじゃないもん！」と叫んで逃げたあと、担任の先生にしがみついた	責められることへの不安
刺激となるできごと3	生徒Aの反応3	
担任の先生が忙しくてそばに行っても、「待ってて」と言われた	先生をけとばして「ばーか。ぶーす」と言って逃げた	断わられたショック かまってもらっている生徒への嫉妬
刺激となるできごと4	生徒Aの反応4	
見ていた学生ボランティアが追いかけて、「いまのは、いけないことばだよね」と言って、担当の職員のところに連れていき、あやまらせた	ぶすっとしていたが、担任の先生がこちらを向いてくれたので、機嫌がよくなった	なだめてもらって安心

ばってしまいました。次々とマイナス刺激が起こり、Aさんは、担任の先生に助けを求めるのですがそれもかなわず、担任の先生を蹴飛ばして悪口を言って怒られてしまうという結末になりました。

一連のできごとを整理すると、前頁のチャートのようになりました。

できごとが一連の流れに整理できたら、それぞれの場面でどんな気持ちだったかを考えてみます。アンガーは二次的な感情なので、その場面で表現したかった一時感情を理解します。これが理解できると、どうしたら適切な表現ができたかを具体的に考えることができるようになります。整理した気持ちを右側に書いていきます。

整理する場合は、子どもと振り返りの面接をしながら記入しますが、先生が今後の予防のために、子どもの気持ちを予想しながら振り返ることもできます。

Aさんは最初はぶつかって痛かったり驚いたりしただけだったのが、だんだんに不安や嫉妬などが増していき、アンガー状態をつくっていったことがわかると思います。

ここまで整理できたら、次は、それぞれの段階でできるストレスマネージメントと具体的な対応策を考えていきます（下のチャート右側）。

まず、Aさんが自分でどのような対応をす

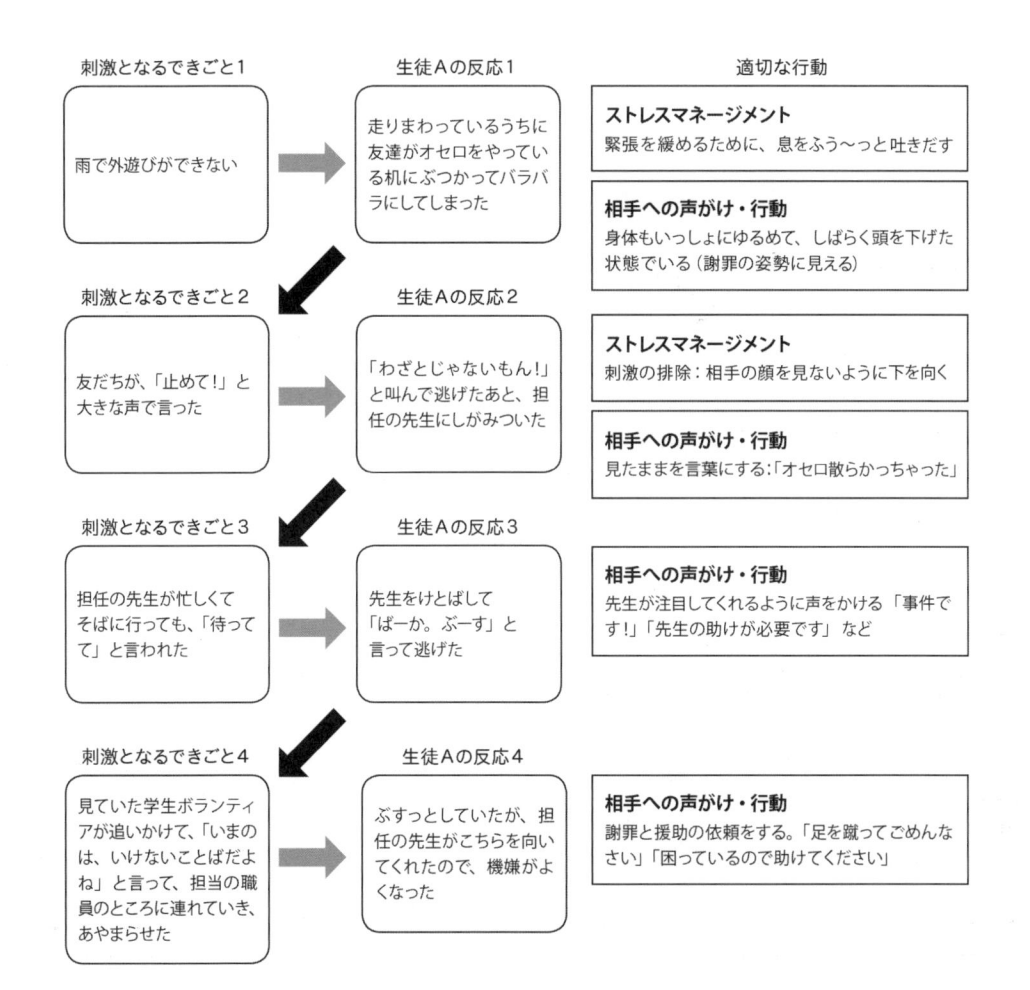

刺激となるできごと	生徒Aの反応	適切な行動
刺激となるできごと1 雨で外遊びができない	**生徒Aの反応1** 走りまわっているうちに友達がオセロをやっている机にぶつかってバラバラにしてしまった	**ストレスマネージメント** 緊張を緩めるために、息をふう〜っと吐きだす **相手への声がけ・行動** 身体もいっしょにゆるめて、しばらく頭を下げた状態でいる（謝罪の姿勢に見える）
刺激となるできごと2 友だちが、「止めて！」と大きな声で言った	**生徒Aの反応2** 「わざとじゃないもん！」と叫んで逃げたあと、担任の先生にしがみついた	**ストレスマネージメント** 刺激の排除：相手の顔を見ないように下を向く **相手への声がけ・行動** 見たままを言葉にする：「オセロ散らかっちゃった」
刺激となるできごと3 担任の先生が忙しくてそばに行っても、「待ってて」と言われた	**生徒Aの反応3** 先生をけとばして「ばーか。ぶーす」と言って逃げた	**相手への声がけ・行動** 先生が注目してくれるように声をかける「事件です！」「先生の助けが必要です」など
刺激となるできごと4 見ていた学生ボランティアが追いかけて、「いまのは、いけないことばだよね」と言って、担当の職員のところに連れていき、あやまらせた	**生徒Aの反応4** ぶすっとしていたが、担任の先生がこちらを向いてくれたので、機嫌がよくなった	**相手への声がけ・行動** 謝罪と援助の依頼をする。「足を蹴ってごめんなさい」「困っているので助けてください」

ればよかったかを考えます。

トラブルのあとで振り返りをする場合は、次に同じようなことがあった場合はどうしたらよいかについて、具体的な行動の約束をするようにしてください。

先生：今日、こういうことがあったね（状況を説明します）。またこういうことがあると先生も残念だし、Aさんも休み時間に遊べなくてつまんなくなっちゃうね。だから、これからの行動について話し合おう。

（練習）中学生の事例で練習してみましょう。

以下のできごとが生じたとします。まず、①～⑥で生徒が何をしたかったのか、下のシートで「気持ちや欲求」を整理します。

次に、それぞれの段階で、気持ちを受け止める言葉や具体的な声がけ、を考えます。それぞれどうすればトラブルが大きくならないですむか、具体策を考えます。次頁のシートで、それぞれの場面で、生徒がどのような行動をすればよいかを考えてみてください。

できごとを一連の流れで整理するシート（中学生の例）

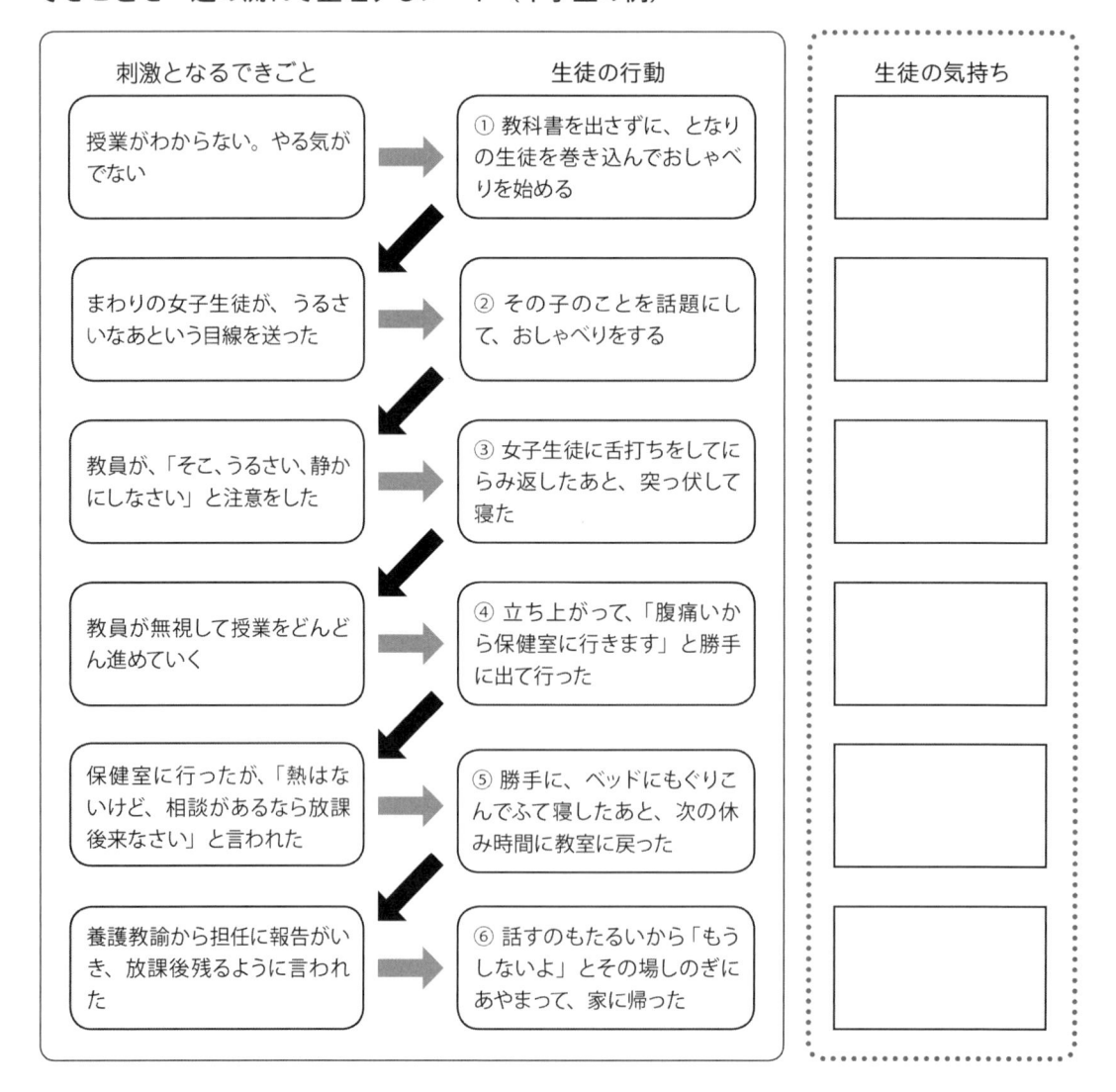

刺激となるできごと	生徒の行動	生徒の気持ち
授業がわからない。やる気がでない	① 教科書を出さずに、となりの生徒を巻き込んでおしゃべりを始める	
まわりの女子生徒が、うるさいなあという目線を送った	② その子のことを話題にして、おしゃべりをする	
教員が、「そこ、うるさい、静かにしなさい」と注意をした	③ 女子生徒に舌打ちをしてにらみ返したあと、突っ伏して寝た	
教員が無視して授業をどんどん進めていく	④ 立ち上がって、「腹痛いから保健室に行きます」と勝手に出て行った	
保健室に行ったが、「熱はないけど、相談があるなら放課後来なさい」と言われた	⑤ 勝手に、ベッドにもぐりこんでふて寝したあと、次の休み時間に教室に戻った	
養護教諭から担任に報告がいき、放課後残るように言われた	⑥ 話すのもたるいから「もうしないよ」とその場しのぎにあやまって、家に帰った	

できごとを一連の流れで整理する（落ち着いた対応：生徒用）

刺激となるできごと	生徒が行った行動	この場面での生徒の適切な行動
授業がわからない。やる気がでない	① 教科書を出さずに、となりの生徒を巻き込んでおしゃべりを始める	ストレスマネージメント
		となりの生徒への言葉がけ
まわりの女子生徒が、うるさいなあという目線を送った	② その子のことを話題にして、おしゃべりをする	ストレスマネージメント
		女子生徒への言葉がけ
教員が、「そこ、うるさい、静かにしなさい」と注意をした	③ 女子生徒に舌打ちをしてにらみ返したあと、突っ伏して寝た	先生への言葉がけ・行動
教員が無視して授業をどんどん進めていく	④ 立ち上がって、「腹痛いから保健室に行きます」と勝手に出て行った	先生への言葉がけ・行動
保健室に行ったが、「熱はないけど、相談があるなら放課後来なさい」と言われた	⑤ 勝手に、ベッドにもぐりこんでふて寝したあと、次の休み時間に教室に戻った	養護教諭への言葉がけ・行動
養護教諭から担任に報告がいき、放課後残るように言われた	⑥ 話すのもたるいから「もうしないよ」とその場しのぎにあやまって、家に帰った	担任への言葉がけ・行動

では、次にこの場面を教員側の視点で整理してみましょう。次のチャートは先生がこの場面を対応したときのものです。このクラスは遅刻する生徒が多かったり、すぐおしゃべりになったりするので、先生は授業を進めるために苦労している様子がわかります。

できごとを整理するシート（落ち着いた対応：教員用）

声がけは「気持ちを受け止める言葉」と「やってほしい行動」を書いてください

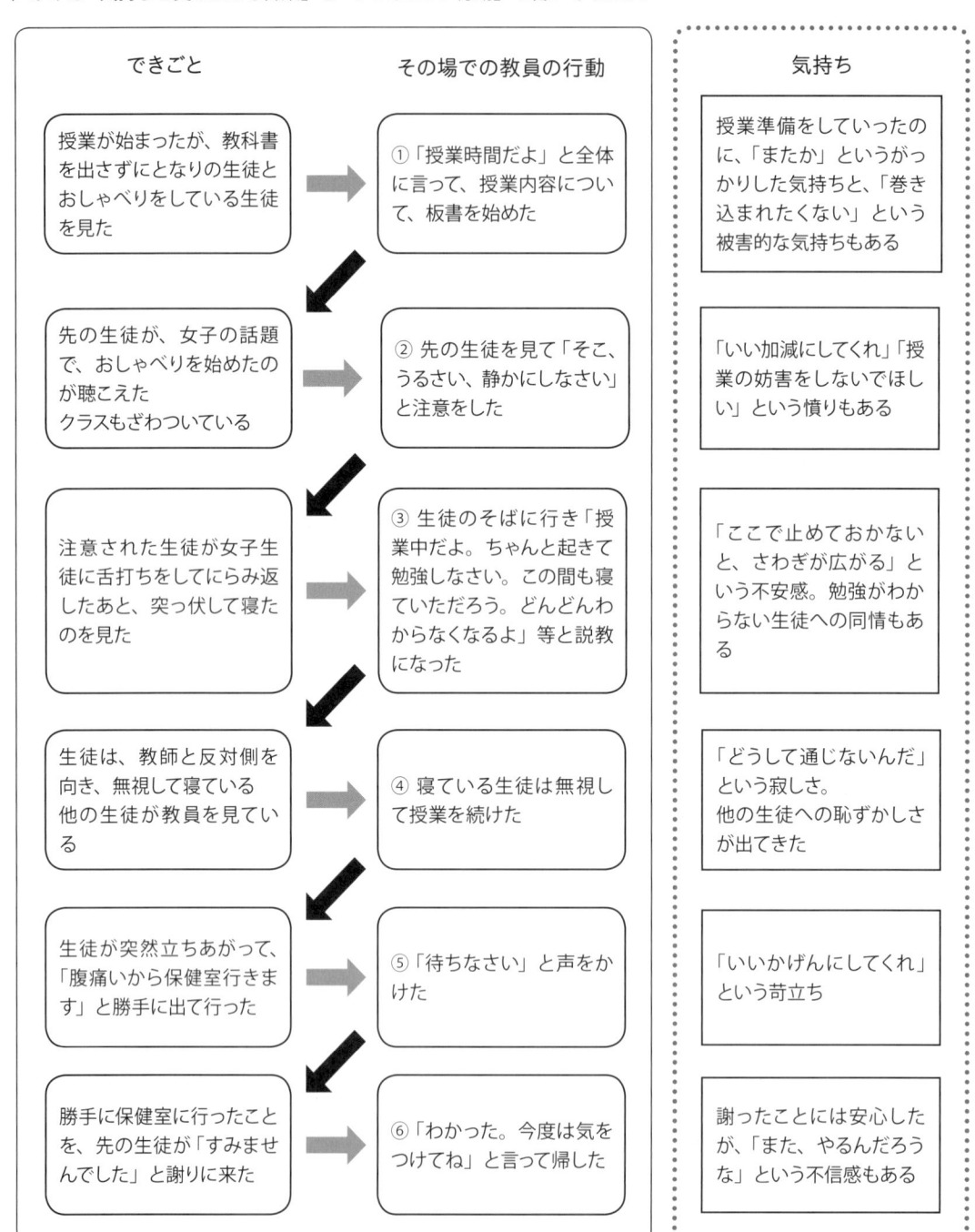

できごと	その場での教員の行動	気持ち
授業が始まったが、教科書を出さずにとなりの生徒とおしゃべりをしている生徒を見た	①「授業時間だよ」と全体に言って、授業内容について、板書を始めた	授業準備をしていったのに、「またか」というがっかりした気持ちと、「巻き込まれたくない」という被害的な気持ちもある
先の生徒が、女子の話題で、おしゃべりを始めたのが聴こえたクラスもざわついている	② 先の生徒を見て「そこ、うるさい、静かにしなさい」と注意をした	「いい加減にしてくれ」「授業の妨害をしないでほしい」という憤りもある
注意された生徒が女子生徒に舌打ちをしてにらみ返したあと、突っ伏して寝たのを見た	③ 生徒のそばに行き「授業中だよ。ちゃんと起きて勉強しなさい。この間も寝ていただろう。どんどんわからなくなるよ」等と説教になった	「ここで止めておかないと、さわぎが広がる」という不安感。勉強がわからない生徒への同情もある
生徒は、教師と反対側を向き、無視して寝ている他の生徒が教員を見ている	④ 寝ている生徒は無視して授業を続けた	「どうして通じないんだ」という寂しさ。他の生徒への恥ずかしさが出てきた
生徒が突然立ちあがって、「腹痛いから保健室行きます」と勝手に出て行った	⑤「待ちなさい」と声をかけた	「いいかげんにしてくれ」という苛立ち
勝手に保健室に行ったことを、先の生徒が「すみませんでした」と謝りに来た	⑥「わかった。今度は気をつけてね」と言って帰した	謝ったことには安心したが、「また、やるんだろうな」という不信感もある

整理ができたらチャートの右側に①〜⑥に至る気持ちを整理していきましょう。整理してみると、先生の気持ちは一つではないことがわかると思います。何とかしたいと思う一方で、かかわりたくないという思いもあるのが自然なのです。この対応の中で生徒と先生の関係が切れてしまったのは、③で先生が熱くなって生徒を批判したり説教をしてしまったりした部分に解決の鍵がありそうです。

この部分に注目して、「認知のゆがみ」について理解をしていきましょう。

4 自分の考え方に気づく

行動を決めているのは、考えです。自分がどのように状況判断をしているかを19頁の「キレやすい考え方」から探してみてください。キレやすい考え方には、Black or White、完ぺき主義、「ねばならぬ」「べき」思考、過度な一般化、過大・過小評価、ひねくれ・被害的、なすりつけ・他罰、トンネル、とらわれ・のっとられなどがあります。こういう考え方に陥ると、視野が狭くなり行動の見通しが立ちにくくなるために衝動行動が起こりやすくなるのです。

では、先のシートの行動を引き起こしている考え方を下図で整理してみましょう。その行動を起こすときにどのような考えが浮かんでいたかを、真ん中の「考え」のところに書き加えてみます。

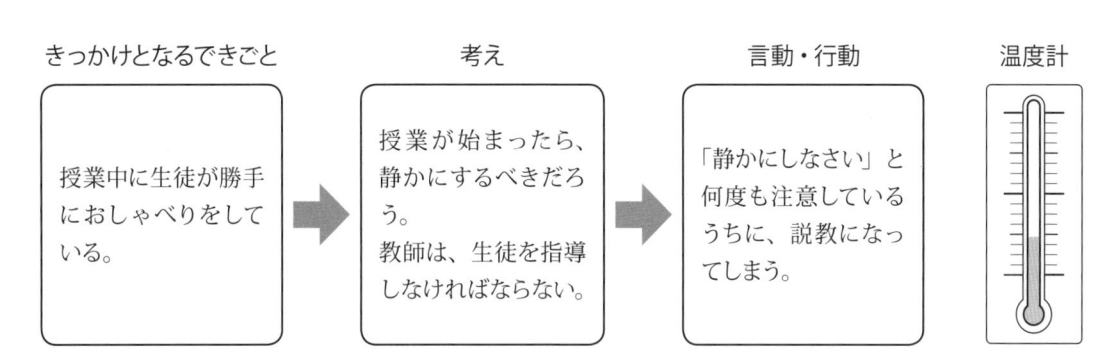

きっかけとなるできごと	考え	言動・行動	温度計
授業中に生徒が勝手におしゃべりをしている。	授業が始まったら、静かにするべきだろう。教師は、生徒を指導しなければならない。	「静かにしなさい」と何度も注意しているうちに、説教になってしまう。	

この例では、生徒に対する「〜べき思考」や自分の責任に対する「〜ねばならぬ思考」があることがわかります。「〜べき思考」が高い人は、相手の行動に期待をしてしまうので、期待通りの行動が得られない場合に落胆する程度が大きくなりがちです。また「〜ねばならぬ思考」が強いと相手をコントロールしたくなってしまうので、説教が出てしまうのです。

では次に、その結果、自分や相手に何が生

メリット（続けていると得なこと）と **デメリット**（損なこと）の整理

メリット	デメリット
言いたいことを言うので、自分も少しスッキリする。説教をすると、一時的に生徒は静かになる。	（自分）本当はしかりたくないので、あとで罪悪感が来る。（相手）生徒は、不満をためるので、授業のノリが悪くなる。

じているのかについて整理してみましょう。

この先生は、生徒に自主的に授業準備をし、積極的に授業に参加してほしいと願っているため、この結果は決して望ましくありません。お互いにストレスをためる結果になってしまうので、これを変えてみましょう。

5 状況を客観的に見るには

マイナスのサイクルを止めて、自分が望ましい結果を導くためには、まず状況を客観的に見ることが大切になります。

そのためには、「あれ？　自分はいま何をしたかったんだっけ？」

「相手に伝えたいことは何だろう？」

と、行動のゴールを冷静に思い出すことから始めてみましょう。

先の例で考えてみます。この先生が望んでいたゴールは、「生徒が自主的に授業に臨み、有意義な活動にしたい」ということです。

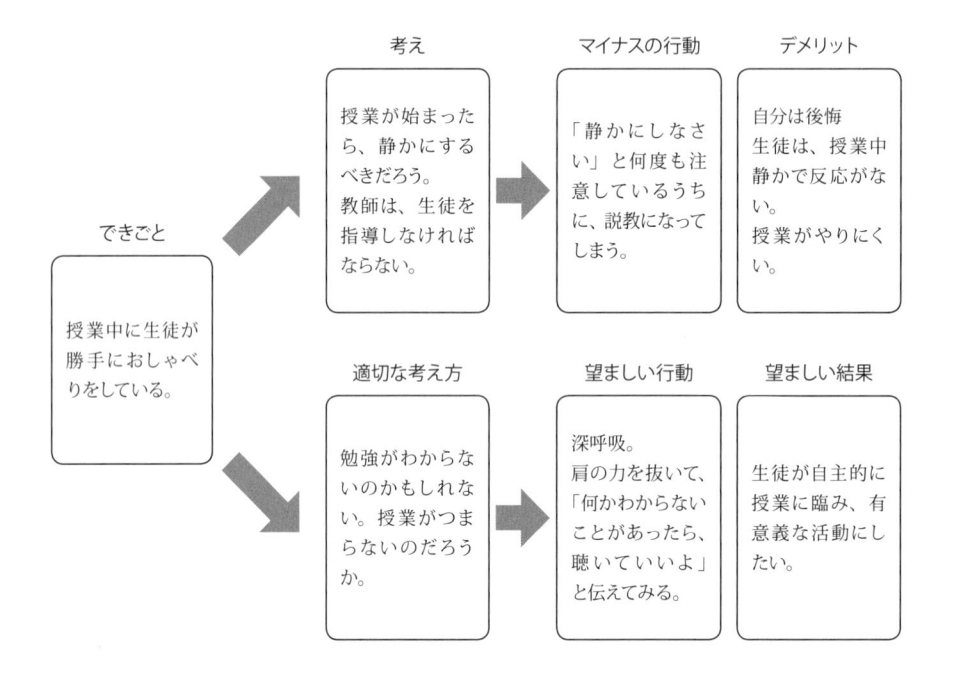

できごと	考え	マイナスの行動	デメリット
授業中に生徒が勝手におしゃべりをしている。	授業が始まったら、静かにするべきだろう。教師は、生徒を指導しなければならない。	「静かにしなさい」と何度も注意しているうちに、説教になってしまう。	自分は後悔。生徒は、授業中静かで反応がない。授業がやりにくい。
	適切な考え方	望ましい行動	望ましい結果
	勉強がわからないのかもしれない。授業がつまらないのだろうか。	深呼吸。肩の力を抜いて、「何かわからないことがあったら、聴いていいよ」と伝えてみる。	生徒が自主的に授業に臨み、有意義な活動にしたい。

では、望ましい結果を導くためにどのような要素が必要になるでしょうか。ゴールを達成する要素を、

1）生理的反応、2）状況のとらえ方、

3）行動

に分けて整理します。

1）生理的な反応としては、授業中に生徒がおしゃべりしていると気持ちが落ち着かなくなり興奮し始めますから、まずそれを鎮静化するためのストレスマネージメントが必要になります。

2）状況のとらえ方では、「おしゃべりをしている背景に何があるのか」を冷静にとらえる力が必要です。授業がわからなくて隣の人に聞いているのかもしれないし、つまらないのかもしれません。

3）行動では、生徒に落ち着かない理由を聞いたり、自主的に授業に臨めるようなワークシートを作成するなどが考えられます。

キレやすい考え方

1) Black or White

良いか悪いか（判断基準は自分の価値観）の結果で判断する。
例：試合は勝つか負けるかだ。試験は合格しなければ意味がない。

2) 完ぺき主義

自分の完成像に完全に一致させようとする。予定通りの行動、結果を求める。
例：全員が静かにならないと授業を進めたくない。
授業が授業案通りに終わらないと延長してでも終わらせようとする。

3)「～ねばならぬ」「～べき」思考

自分に対しても人に対しても一方的な理想を押し付ける。
①他者への期待が高いのに、相手には具体的に伝えていないで暴言・暴力になる場合
②自分自身への期待が高く、できない自分を追いつめてイライラするケースがある。
例：①「私がイライラしているのは、顔を見ればわかるだろう（顔を見ればわかるべき）」
「養護教諭は、生徒の情報を担任に伝えるべき」
②「教師は生徒にいうことを聞かせなくてはならない」
「教師はこうあるべき」

4) 過度な一般化

一つのできごとを証拠として、みな同じ結果になると一般化すること。ものごとを分けて考えることが苦手な人が陥りやすい。
例：この子が良くなれば、クラスは良くなるはずなのに。
1回保護者に電話口でどなられただけなのに、その保護者はいつでも怒るから電話したくないと思い込む。

5) 過大・過小評価

できごとを必要以上に大げさ、またはささいなことと受け取る。
（事実をまげて、自分を不必要に追いつめたり、甘やかしたりする考え方）
例：過大（ちょっとしたミスに対して注意されたら）「どうしよう。もうおしまいだ」
過小（生徒が不登校になりかけているのに、「よくあることだから」と放置する）

6) ひねくれ・被害的

好意かもしれないのに、相手に悪意があるものと考えて、被害的に受け止める。
例：「あいつはわざとやったんだ」「私ばかり注意して、先生はきらっているんだ」
（相手が失敗したことや、無視したことに、相手なりの事情があると考えない）

7) なすりつけ・他罰

授業についてこれない生徒に対し「発達障害を放置している保護者が悪い！」と保護者のせいにして、自分の授業は工夫しない。

8) トンネル

視野が狭くなり、周りが見えなくなりがちな考え方です。「誰も助けてくれない」「もうだめだ」「これがずっと続くんだ」と自分で自分を追い込んでしまう。

9) とらわれ・のっとられ

気になることを何回も繰り返し考えてしまい、他のことが手につかない。
言われたことばを　何度も頭の中で繰り返して自分に言ってしまうなど。

以上のように状況のとらえ方を変えた先生は、先の場面で次のように対応できることに気づきました。右側が先生が考えた対応の方法です。

できごとを整理するシート（落ち着いた対応：教員用）

声がけは「気持ちを受け止める言葉」と「やってほしい行動」を書いてください

できごと	その場での教員の行動	教員の適切な行動
授業が始まったが教科書を出さずにとなりの生徒とおしゃべりをしている生徒を見た。	①「授業時間だよ」と全体に言って、授業内容について、板書を始めた	**自分が落ち着く対応** がっかりした気持ちを落ち着けるために深呼吸 **生徒への声掛け** 「おしゃべり楽しそうだね」 「じゃあ、授業もささっと済ませようか」 「今日のポイントを説明します。ノートに書こう」
先の生徒が、女子の話題で、おしゃべりを始めたのが聴こえた。クラスもざわついている	② 先の生徒を見て「そこ、うるさい、静かにしなさい」と注意をした	**女子生徒への対応** 目を合わせて、気持ちを受容
注意された生徒が女子生徒に舌打ちをしてにらみ返したあと、突っ伏して寝たのを見た。	③ 生徒のそばに行き「授業中だよ。ちゃんと起きて勉強しなさい。この間も寝ていただろう。どんどんわからなくなるよ」等と説教になった。	**他の生徒への声掛け** 「これから5分間、〇ページの問題を解いてみよう」 **生徒への声掛け** 近くに行き、「なんだかだるそうだけど、事情教えてもらえるか？」「課題の内、どれならできそうか」と事情を尋ねてみる
生徒は、教師と反対側を向き、無視して寝ている他の生徒が教員を見ている	④ 寝ている生徒は無視して授業を続けた。	**生徒への声掛け** 「具合悪そうだね。少し休んだら戻れそうか？」と声をかけ、反応がなければ「とりあえず5分待つから、大丈夫そうなら課題1つでもやってみて。それでも具合悪かったら教えて下さい」

アンガーマネージメントを行った結果の先生のアンガーチャート

これまでの感じ方・考え方 / **これまでのやり方**

できごと
授業中に生徒が勝手におしゃべりをしている。
周りの生徒も落ち着かなくなってきた。

→

考え方・とらえ方
私は、

授業が始まったら、静かにするべきだろう。
教師は、生徒を指導しなければならない。

と考えた。

→

不適切な行動と結果
「静かにしなさい」と何度も注意しているうちに、説教になってしまう。
行動の結果：
（自分）
うまく対応できずに自己嫌悪になる。
（周囲）
生徒は、教室から勝手に出て行った。
他の生徒も授業ののりが悪くなった。

同じできごとへの感じ方や考え方を変えてみる / **適切な方法**

考え方・とらえ方
私は、

あの生徒は、勉強がわからないのかもしれない。
事情を理解できないだろうか。（別の可能性を考える）

他の生徒も授業がつまらないのかもしれない。
何か工夫はできないだろうか。

と考えた。

→

望ましい行動と結果

（自分）
深呼吸。肩の力を抜いて、「何かわからないことがあったら、聴いていいよ」と伝えてみる。

（周囲）
課題に落ち着いて取り組んだ。
工夫してほしいところを、プリントに書いてくれた。

6 自分らしい表現方法を見つけよう

　状況が客観的に見られるようになったら、問題を解決していくために自分らしい表現方法を探します。ソーシャルスキルと呼ばれるものです。ソーシャルスキルはさまざまな定義の仕方がありますが、本稿では以下のように分類しておきます。

1　理解する力

1）自己理解力

① 自分の現状を客観的に理解することができる

　ストレスに対応するためには、自分がいまどんな気持ちで、何を考えていて、どんな行動をしているのかを客観的に理解できることが大切です。そのためには、感情を表現することばや、考えをまとめる力、行動をモニターする必要があります。

② 自分の過去を振り返ったり、内省したりすることができる

　自分が積み残してきた問題を振り返るには感情的な苦痛を伴いますが、課題を根本的に解決していくためには避けて通ることはできません。積み残しが多ければ多いほどさまざまな感情が入り乱れてアンガー状態を悪化させてしまうためです。

　内省するためには、自分の行動を記憶したり、その状況を広い視野でとらえ直す力、なぜそういうことをしたのか因果関係を分析する力等が必要になります。

2）他者理解力

① 相手の状況を正しく理解できる

　解決する問題に相手が関係している場合には、自分だけが一方的に解決策を出しても伝わらないことがあります。まず、相手がなぜその行動をしたのかを正しく理解することから始めます。「できごとを整理するシート②」（44頁）を用いて、自分と相手のやりとりを整理してみましょう。相手が、自分の言動にどう反応しているかを見直すと、相手が何を伝えたかったのかがわかりやすくなります。また、自分が相手の引き金をひいてしまった可能性も見つけることができます。

　相手の状況を正しく理解するために具体的に必要なスキルには、最後まで話を聴く、自分の主観や先入観ははずして状況を見たり相手の話を聴いたりする、があります。また、相手のことばの使い方を正確に理解することも状況理解に役立ちます。ことばにはその人独特の定義や使い方があるので、「それはどういう意味ですか」と丁寧に聴いていくと、思わぬ誤解が解けたりすることもあります。

② 相手の心情や考えを予想することができる

　ここには、言外の意味や表現されていない気持ちを推し量る力と、相手の行動を予測する力の２つが含まれます。

　まず、言外の意味を推し量るには、その言葉と同時に伝えられた非言語的な要素、例えば抑揚や何かのたとえ話などを考え合わせます。また、表現されていない気持ちを推し量るには、通常だったらこういう場面で人はどういう反応をするだろうかと考えます。そして、相手はどういう刺激でどんな反応をしがちなのかを予測するには、相手の行動パターンを正確に理解しておくことが必要です。

③ 相手の立場に立って、感じたり考えたりすることができる

　これは、共感性と呼ばれる力です。共感性を働かせるには、自分の感情はニュートラルにした状態で相手がどのように感じているかを感じ取ることが必要になります。自分の感情を移入してしまうと、同情や自分の気持ちの押しつけになってしまいますので注意してください。

3）相互理解力
① 仲間入り

　日常的なソーシャルスキルにおける仲間入りの力には、挨拶、相手と目線を合わせて話す、相手の名前を呼ぶ、話に加わってもよいかの許可を取る、自分が話しかけられたら返事をする、人を仲間に呼び込むなどがあります。

　相手がいる問題を解決するには、まずその人と関係を開始する必要があります。アポイントをとる、電話をする、手紙を書く等して解決したいという気持ちを自分が相手に伝えることから始めます。問題を解決する場合の仲間入りのポイントは3つです。1つ目は、問題を解決するための話し合いがしたいという用件を伝えること、2つ目は、相手の都合を聴くことです。最後は、話し合いの場を設定することです。

　これは、相手が目上の人でも同僚でも年下でも同様です。よく、親が仲直りのつもりで勝手に子どもの部屋に入ってきて「さっき◯くんが怒ってた理由聞きたいんだけど」と言って子どもをキレさせることがあります。これは仲間入りではなく、侵入になってしまいますので注意してください。2人が話し合いをするためには、それぞれに心づもりが必要になりますし、安全な場所を設定することが大切です。

② 仲間の維持

　日常的なソーシャルスキルにおける仲間の維持には、約束を守る、順番を守る、嘘をつかない、人がいやがることはしない、自分が過ちを犯したときはあやまる、相手の話を聴く、相手とペースを合わせる等があります。

　問題解決における仲間の維持は、話し合いがこじれそうになっても途中で投げ出さずにいる力です。揚げ足取りをし合って、お互いに傷つけ合って交渉決裂してしまうのは、自分が何を伝えたいかについての理解が不足していたり、相手の行動予測ができていないときに起りやすくなります。仲間の維持をするためには、前もってこの話し合いで自分は何を伝えたいのか、自分なりの解決策は何かを考えておくと同時に、解決策の予備を用意しておくとよいでしょう。上手な話し合いをするには、第3節の「キレない、キレさせないコミュニケーションスキル」を参照してください。

③ 仲間の発展

　日常のソーシャルスキルにおける仲間の発展には、関係性が停滞しているときに活性化させる力、例えばユーモアや新しいアイデアを加えるなどの他に、関係が悪化したときに修復する力が含まれます。

　先の仲間の維持のスキルを使って、とりあえず問題は解決したものの、なんとなくスッキリしないということもあります。スッキリしていないときには、どちらかが妥協してい

たり、まだ未解決の部分があったりします。まず、気持ちがスッキリしていないのか、課題解決方法に納得がいかないのかを整理します。もし、課題解決方法は納得できているけれど、まだ気持ちがおさまっていない場合は、「気持ちだけ聴いてほしい」と相手に伝えたり、気持ちは別の人に相談するという方法もあります。よりよい関係を築くために第3節の9、対立解消「ふくろうさんの5ステップ」を試してみてください。これは、自分も相手も納得するためのコミュニケーションの進め方です。

2　表現する力

表現力には、言語と非言語があります。誤解をされるときは、言葉そのものよりもそのときの非言語的な要素の影響もありますので注意が必要です。

1）言語表現力

ことばで自分の気持ちや考えを伝えるためには、「語彙力」が大切になります。相手がわかりやすい言葉や失礼のない言葉を選び、筋道を立てて説明する練習をしてみてください。自分だけがわかっている言葉や難しい言い回し、ため口、上から目線の言葉づかい等をするとよけいにこじれてしまいます。また、誰かに相談する場合や直接相手と話し合う場合には、状況を正確に伝えることが適切な解決策につながりますので、できるだけ主観的な感情論にならないよう、伝える前に次頁のシートで整理してみることをおすすめします。ことばでうまく伝えられないときには、絵や実際にやってみるなど非言語的な表現も合わせて使ってみましょう。

2）非言語的な表現力

姿勢、表情、ジェスチャーやことばの抑揚・スピードなどがこれに含まれます。基本はニュートラルな状態でいることなのですが、無表情や抑揚のないことばになりすぎると、思いが伝わりにくくなります。冷静に話す場面、気持ちを伝える場面、解決策を出す場面、相手の意見を聞く場面等、状況に応じて非言語的な表現を工夫すると効果的です。

また、手振り身振りなども適宜加えるとよいのですが、ジェスチャーが大きすぎると大げさになったり落ち着かない印象を与えたりしますので注意が必要です。特に、文化が異なる人と話し合いをする場合には、その国の文化が持つジェスチャーの意味も理解しておく必要があります。和解に行って、誤解を生じてしまったのでは本末転倒になるからです。

相手に状況を説明するときのシート

1　トピック
　いつ起こった、どんなできごとについて話をしたいのかを具体的にまとめてください
　（話したい内容がいくつかある場合は、あらかじめ別のメモに箇条書きをして優先順位を決めてから、ひとつずつについて整理してみてください）

2　伝えたい自分の気持ちと考え
　そのできごとに対して、自分が感じた気持ちや考えを箇条書きしてください
・
・
・

3　そのできごとに対する解決策を箇条書きしてください
　1）自分が行うこと

　2）相手に期待したいこと、妥協案

4　うまく伝わらない場合の対応策

第2節

職場でできる ストレスマネージメント

1 ストレスとは？

ストレスは、自分の心や身体がバランスをとれている状態から何らかのプレッシャーがかかることでバランスを崩した状態のことを言います。このプレッシャーには、善玉と悪玉の2種類があります。ストレスは、自分にとってプラスのものに変換できると、前向きに対応しやすくなります。

善玉ストレス

そのプレッシャーによって、自分が「よし！がんばるぞ」と自然に上昇思考になれるものを**善玉ストレス**と呼びます。

○ 好きな人ができて、デートを申し込むというようなとき

○ 昇給試験を受けるとき など

悪玉ストレス

一方、そのプレッシャーによって、自分の気持ちが落ち込んだり、マイナス思考になりがちなものを**悪玉ストレス**と呼びます。

○ 苦手な友だちと一緒の行動

○ 失敗してしまった後の対応 など

2 ストレスによる反応

ストレスを抱え始めると、身体、気持ち、考え方に反応が生じます。自分の反応の特徴を理解して上手に対応してください。

（1）身体の反応

身体の部分（頭、首、肩、背中など）が熱くなる、血圧があがる、動悸がする、呼吸が速くなる、汗がでる、むかむかする、吐き気がする、頻尿になる、便秘になるなど、身体反応が活性化する場合があります。一方、身体が冷たくなる、こわばる、頭から血が引く感じがする、呼吸がしにくくなる、めまいがするなど、反応が低下する場合があります。

（2）考え方の反応

身体が不安定になってくると、自己コントロール感を失う感覚が強くなります。その結果、考え方も変わってきます。

考えは、できごとそのものに対してや、関係する相手に対して以下のように生じます。

① 状況への驚き

「何が起こった？」「どうなったんだろう？」
これは「え？」というショックの状況です。感情には、まだ影響は出ていません。

② 責任転嫁の考え

「あの人のせいだ」「あのことのせいだ」
「彼らは、なんで手伝わないの？」
物事が自分の思ったように進まない事態になると誰かを責めたくなります。人やできごとに責任転嫁をして、自分が責められるのを逃れようとするのは、自己防衛としては自然なことです。

③ 抱え込みの考え

「私がやればいいんでしょ」「どうせ誰もやらないんだから」「人には任せられない」
事態が緊迫したり、周囲に助けてくれる人が見つかりそうにない場合や責任感が強い人の場合にはこういう考えも起こります。

④ 放置系の考え

「もういいや」「どうにでもなれ」「勝手にして」「オレには関係ない」「あなたには関係ないでしょ」「ほっといてくれ」
状況がわかってきて、自分の手に負えない状態や面倒なことをしなくてはいけないことが推測され始めるとこのような考え方も出始めます。

⑤ あきらめ系の考え

「私にはできそうにない」「何をやっても無駄だよ」「あの人はやらないよ」「上には逆らえない」「高望みしていたのがいけないんだ」

頑張ってみたあとで解決策が見つからないと、このような考えも出始めます。気持ちを抑圧し、次第に何も考えないようになります。

⑥ 考えが停止する

「……」「頭が真っ白」

状況が自分の許容量を超えてしまうと、ことばが出てこなくなる、覚えられない、思い出せない、決断できない、まとまらなくなるといったことも生じます。

これらの考えは自然な反応なのですが、解決されないままストレス場面が繰り返されると、後述する「キレやすい考え方」がオートマチック思考として定着してしまいます。

（3）気持ちの反応

気持ちは、状況のとらえ方に連動していますので、考え方と同様に興奮したり固まったりする反応があります。

〈マイナスの反応〉

① 困惑系の気持ち

「なに？」「何が起こったの？」（驚き）、「いきなり何だよ」「何したいんだよ」（疑問）、「どうなるんだろう」「逃げたい」（不安・恐怖・おびえ）、「固まった」（緊張）

予期せぬ状況では、困惑が起こります。茫然としてまだ気持ちが形やことばになっていない状態です。

② 怒り系の気持ち

「なんで？」「悔しい」「ひどい」「憎らしい」「やり返してやりたい」「思い知らせてやりたい」（報復）など

状況がわかってくると、自分をその状況にさせた相手への怒りが出てきます。コントロール感を取り戻すために、原因に向かって気持ちが集中していきます。

③ 嘆き系の気持ち

「何で、自分だけこんな目にあうの？」（悲しさ、空しさ）、「世の中不公平だ」「誰も助けてくれない」（悲哀、孤独）、「どうなったっていい」（絶望）

気持ちを外に出しにくい人の場合は、気持ちが自分の中に沈んでいきます。飲み込んだ感情は外部と自分を断絶しないと外に向かってしまいます。抑え込み始めると孤独感が増していきます。

④ 自責の気持ち

「私のせいだ」（責任感）、「どうやって償ったらいいんだろう」（罪悪感）、「どうしよう、取り返しがつかないことをしてしまった」（焦

り）

　責任感が強い人は、できごとの原因を自分に向けがちになり、視野が狭くなってしまう場合があります。

⑤　無力系の気持ち

　「だめだ」（無力感）、「やれそうにない」（無気力）、「わかってもらえないよ」（不信感）

　焦りが増すと、冷静な判断や行動ができなくなり、余計に物事はうまくいきません。結果として、失敗が続き、自信を失っていくこともあります。

〈ニュートラルな反応〉

　「なあんだ、そんなことか」（安堵）、「なんとかなるんじゃないかな」（見通し、自信）、「助けてもらえるよ」（信頼）、「まあ、こんなもんだよね」（受容）、「いいんじゃない」「できてるよ」（同意、許可）

　状況を冷静にとらえるには、「真ん中の気持ち」を持てることが大切になります。

〈プラスの反応〉

①　表出系の気持ち

　「楽しい」「やった〜」（達成感）、「うれしい」（感激）、「すごい」（感動）、「さすが」（尊敬）、「面白そう」（興味）

　状況が冷静にとらえられるようになると、自分ができていることが見えるようになります。安心から達成感、向上心へと発展していきます。ほめ言葉はやる気にもつながります。

②　浸透系の気持ち

　「こそばゆい」（誇り）、「ありがたい」（感謝）、「よかった」（安堵）

　見通しが立ったり、助けが得られたりするとスーッとプレッシャーが引いていくのを感じると思います。同時に何とも言えな温かい気持ちになっていきます。

3　ストレスへの対応方法1
応急処置

　まず、現場対応。次がストレスの元を直接解決する方法になります。

　アンガー状態を素早く冷静な状況に戻すには、身体的な反応を鎮静化することが大切です。そのためには、気持ちの量を減らす対応と気持ちの質を変える対応ができます。

（1）興奮を収める

①　刺激の排除

　目の前にストレスの元があると刺激が続くため興奮が収まりにくくなります。まずは、刺激の排除をします。

・タイムアウトをとる（別の場所に行く）
・目をつぶる
・音の刺激を排除する

② 感情の量を調節する

　感情は、興奮して一気に吹き出しそうになる人と、サーッと冷えてしまって落ち込むタイプの人がいます。

　感情の量が適度になるように身体に働きかけて調節をします。

・深呼吸（息をふーっと吐き出す。ゆっくり鼻から吸って、いやな気持ちは口からふうーっと吐き出します）

・顔を洗う、首筋を冷やす（興奮して熱がこもっている身体を冷ますことで、すーっと熱が引く感覚を味わうと、落ち着きやすくなります）

・風にあたって、頭や身体の熱を冷ます
・水を飲む（のどのあたりにつまっている感覚が引きます）

・ぬいぐるみやお気に入りのものを抱きしめる（ぎゅっと力を込めることで、行き場のないエネルギーが外に出ます。同時に、温かいやわらかい刺激で安堵することもできます）

③ 身体の緊張をほぐす

　気持ちが落ち着いたら、行動しやすくなるように、身体の緊張をほぐしていきます。

　リラックスできたらいい考えも浮かぶようになるし、制御機能も働きやすくなるので、臨機応変な対応ができるようになるからです。

・肩をギューッと耳につけるくらいまで上げてストンと落としたり、こぶしを握ってぱっと離すなどです。意図的にその状態をつくってみるのも緊張を解く方法です。

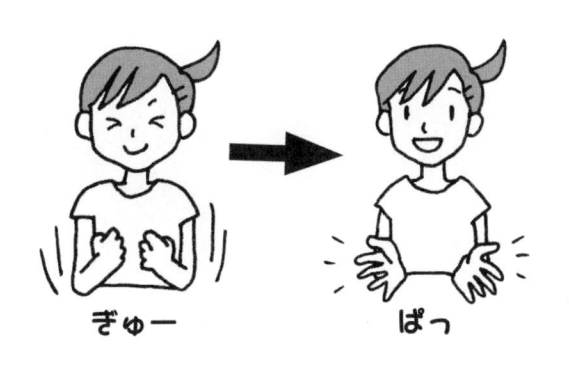

緊張をほぐすには、緩急がはっきりと感じられるほうがいいようです。緊張はこれ以上緊張できない状態になれば自然と脱力してほぐれていきます。
・手指をゆっくり開いたり、閉じたりする
　首をまわす、手足を軽く動かしてみる

　新しい動きをする前に、ウォーミングアップをしましょう。いきなり動かすと思わぬ怪我をしやすくなるためです。ウォーミングアップをしていると、脳は「よし、やるぞ」という指令を出しやすくなります。
・温かいタオルで目や首を温める、目の周りをマッサージしてみる
　血液やリンパの流れをよくする方法です。

・リラックスしているイメージを思い浮かべてみる

　その場から動けない場合には、目をつぶって刺激を一度排除してから、深呼吸をしてみてください。次に、自分がリラックスしているイメージを思い浮かべてみます。
　家で大好きな犬や小鳥と遊んでいる場面、お風呂にゆっくりつかっている場面、おいしいごはんを食べる場面などです。そして、自分に「えらいぞ。これが終わったらちゃんと思い浮かべたことを叶えてあげるからね」と伝えてから目を開けて元の仕事にとりかかりましょう。

（2）気分転換をする方法
　応急処置が済んだら、別の感情を活性化することで、気持ちのバランスをとります。

クッションになる感情がたくさん動いている方が、元の作業に戻ってもストレス耐性が強くなるからです。

・好きな絵や写真を見る

一番の気分転換は、視覚への良い刺激を与えることです。好きな絵や写真がすぐに用意できないときは、外の景色や本などストレスの刺激以外のものを見てみましょう。

・好きな音楽やリラックスできる音、元気の出る音を聴く

音の刺激も気分転換になります。本人が落ち着きたい時はリラックスできる音や音楽を聴きます。赤ちゃんは、お母さんの心音やそれに近いリズムを聴くと落ち着きやすいようです。元気ややる気を出したいときは、テンポの良い音楽を聴きます。勉強のバックミュージックに自分が載りやすいテンポの音楽をかけておくと効率がよくなります。

ただし、脳が疲れすぎているときは、他の刺激は脳の負担を増やすだけなので、安静にすることが大切になります。

・運動をしてみる

有酸素運動をしてみると、脳の動きが活性化しやすくなります。その場で軽く手足を動かしたり、ストレッチをしてもいいし、生徒といっしょにマラソンしたり、荷物運びをしてみるのも運動になります。黒板をしっかりと消す、机の周りを拭き掃除をしてみるなども身近にできる運動です。

4 ストレスへの対応方法2
ストレスの元を直接解決していく

これまで紹介した方法は、応急手当として興奮を収めるのに役立ちますが、ストレスは根本的に解決していかないとため込んでしまいます。解決するには、(1) 一人で解決する場合、(2) 誰かに相談する場合、(3) 直接相手と話し合う場合、があります。いずれの場合もまず、次の①～⑥にそって進めてみてください。⑤のところで誰かに相談したり、相手と直接話し合うことを選んだ場合は以下の (2) (3) を参考にしてください。

(1) 一人で解決する場合

ストレスの元が自分の課題である場合は、まず、応急対応をして気持ちを落ち着かせることでストレスを広げないことが大切です。その上で悪玉ストレスを善玉ストレスに変えられるように視点を変えていきます。具体的には以下の6つの方法があります。①心配するのを止めよう、②前向きに考える・できごとの良い面に注目してみる、③具体的な解決策を考える、④自分の決断を信じる、⑤仲間を信頼してみる、⑥うまくいかなった時のために、次の策を考えておく、です。

① 心配するのを止めよう

悪いことが生じるイメージを持つと、不安感が広がるので考えもまとまらなくなり実際にミスが起こったりします。まずは、悪い方へ考えることを止めて自分からストレスを作りださないようにしてみましょう。気になることや不安があってまだ対応していない場合には、具体的な解決策を考えておくことで不安をとる根拠をつくっていきます。

大切なのは、ほどほどに心配して、注意深く物事に取り組む用心深さは保っておくことです。用心深いことと疑い深いことは違いますので、心配が止まらない時は、「何が心配なのだろう」「どうなることが心配なのだろう」と書きだして整理してみましょう。対応できることがあったら、その横に「今日は、これをするから大丈夫」と書いておくだけでも不安は軽減できます。

② 前向きに考える・できごとの良い面に注目してみる

不安が軽減されたら、解決策を考え始めます。

このとき、「なんとかなるよ」「できていることだってあるじゃない」「きっとわかってくれる人がいるさ」など、前向きに考えてみます。

良いイメージを思い浮かべると、行動は良いイメージに向かって進むからです。マイナ

スのことを考えるとどうしても不安になり身体は緊張して動けなくなってしまいますから、そういうときは身体の緊張をほぐしてから前向きに考えるようにしてみましょう。

り高い目標を設定してもうまくいきません。最初にとりかかるのは「ほんのちょっとやる気を出せばできる」ということです。

③ 具体的な解決策を考える

ストレスは、具体的に問題が解決する見通しが立つと、ぐっと楽になります。大きな目標だけを見ていると、「どうしよう」と不安になりますから、スモールステップにしてみてください。

「千里の道も一歩から」と言うように、できないことに注目しないで、今できることを見つけ出してやり始めると、気持ちも現実状況も変わっていきます。無理のない計画の立て方を学んでください。悩み始めたら、以下の言葉を自分に問いかけてみましょう。

・いますぐやらなくてはならないことは何ですか？
・一番大事なことは何ですか？
・どこまでできているか、点検しましょう。
・できることから計画を立てます。いきな

④ 自分の判断を信じる

何がベストなのか迷うことは、よくあります。特に初めての経験の場合には、予測ができないので不安が高まります。

決められないときは、漠然とした不安があったり、自分の価値観が揺れている場合が多いので、まず、自分で判断に迷っている行動をシミュレーションしながら、長所と短所に箇条書きしてみましょう。

どちらかに決めなければいけないので、自分自身に「何がしたいのか」「ここでは何が大事なのか」をセルフトークしてみます。迷うことは、物事をいろいろな方向から考える練習になるから大事です。

また、周囲の人に相談して、いろいろな意見を聞いてみましょう。決めるのが怖いときは、「もし、ここで決断しないで、逃げたらどうなるか」ということも考えます。

その場では楽になるかもしれませんが、「めんどうくさい」、「どうでもいいや」といい加減に決めることを繰り返していると、失敗が多くなって自分の判断が信じられなくなります。

最後に、完璧な判断はまれだということも覚えておきましょう。決めても、決めなくても後悔することはあります。「完璧な人間」はいません。失敗を人のせいにするより、自分で決めた方がすっきりします。

決断には、「今はやらない」や「やめる」、「あきらめる」と決めることがあってもよいことも覚えておいてください。

いつも無理に何かをやろうとしなくてもよいのです。

次のチャンスだってあるし、新しいことにチャレンジしても、休んでも大丈夫です。大切なのは、「やらない」ということを自分で決断することです。これは、放置しておいて逃げるのとは全く違います。その代わり、やらなかったことへの責任も自分がとることになります。

では、悩んで決めた自分の決断と、まわりの人と自分の判断が違うときはどうしたらいいでしょう？ 人は一人ひとり、感じ方も考え方も違う。でも、失敗しても成功しても、自分の人生の主役は自分自身。誰も自分に代わることはできないわけですから、自分の判断に責任を持つようにしましょう。

⑤　仲間を信頼してみる

仕事や家事で忙しい毎日。そういうときに、しなければならないことを一人で抱え込んでしまったり、頼めそうな人がいるのに、助けを求められなかったりということはありませんか？

「誰にも任せられない」とか「みんなに迷惑をかけてしまう」など、荷物を一人で背負いこむと、どうなるでしょうか。

一人で背負い込んでしまうと、孤独になりがちです。

また、言いたいことがあるのに、「相手が応じてくれないかもしれない」と思うと、気持ちを閉じ込めがちになりますね。

単学級で教職員の数が少ない学校や、先輩後輩の人間関係が固定しがちな環境や、若手と熟年の先生の教育観が対立するような場合など、一度できた人間関係を変えていくのは労力が必要です。

日常からチームビルディングが大切ですが、ときには自分から相手を信頼して「結果がどうであれ任せてみる」ということをしてもいいかもしれません。仲間に信頼されると、責任感ややる気が出てきます。

だからといって、それまでに頼んだことのない人をいきなり信頼するというのも抵抗があるかもしれません。その場合、お互いに信頼できるようになるためにコミュニケーションをとってみてください。不信感は、情報不足や思い違い、期待はずれなどから生じやすくなるためです。では、信頼するためには、具体的にどうしたらいいでしょうか。

・仲間のいいところを見つけましょう。
・仲間の苦手なところも見つけましょう。
・お互いに補完し合えるチームづくりを目指してみてください。
・うまくいかないときは、その部分の責任をとる覚悟をすると同時に、どうしてうまくいかなかったかをきちんと振り返って、具体的な改善策を立てていきましょう。

⑥ うまくいかなかったときのために、次の策を考えておく

事態は、変わっていきます。前回は「こうしなさい」と指示した上司が、今回は違う考えを持っているかもしれません。

次の策を用意しておくと、ひとつがうまくいかなくてもその場にとどまることができます。また、うまくいかなかったときは、相手が何を求めているのかを聞いてみる勇気を持ってみましょう。

相手の意図を理解したいという思いが通じる相手なら、話し合いに応じてもらえたり、助言がもらえる可能性があります。

(2) 誰かに相談する場合

相談の目的は2つあります。1つは、気持ちを受け止めてもらうこと、もう1つは具体的に問題を整理して解決の援助をしてもらうことです。

自分がどちらを希望しているのかを、まず考えてください。心配事を吐き出したいだけのときに、いろいろ助言されると、かえってストレスになる場合もあるからです。

何を相談したいのかを整理したい場合は、相手に目的がわかりやすいように、途中経過のメモや資料を用意しておくとスムーズに理解してもらえます。相談がうまくいかないのは、自分が何をしてほしいかがあいまいで相手にその意図がうまく伝わらない場合です。

相談する場合にもう1つ大切なことがあります。それは、相談する内容によって相手を適切に選ぶということです。

専門的な助言が必要な場合には、費用がかかってもスーパーバイズを受けに行くことが大切です。自分の心身の問題が深刻になってきたら、医師や心理の専門家等に行く必要があります。

専門家には問題解決の糸口となる知識と技術があるためです。特に学校関係の相談をする場合には、個人情報の漏えいに細心の注意が必要ですから、守秘義務が守れる機関や相

手を選んでください。

また、いじめ、虐待、非行等、相談のレベルを超えて通告義務に関係するできごとが生じた場合には、学校内の関係者に報告した上で相談を開始してください。

（3）直接相手と話し合う場合

相手と直接話し合いをして解決できるとスッキリしますが、成功させるためには第3節で説明するようなコミュニケーション技法を身に着けておく必要があります。

また、アサーションと呼ばれる自己表現技法も学んでみると役立ちます。アサーションは相手を傷つけないさわやかな自己表現方法（平木、1993）なので、自分の気持ちや考えを冷静に伝えやすくなります。

アサーションを実践する上で大切な10の要素から、話し合いに重要と思われる要素を紹介しておきます。

① 自分は誰からも尊重される権利がある
② 話をまじめに聴いてもらう権利がある
③ 罪悪感を感じないで断る権利がある
④ 失敗したら責任を持つ権利がある
⑤ 支払いに見合ったものを得る権利がある
⑥ 誰にでも成功する権利がある
⑦ 一人でいる権利がある

5 不適切なストレス解消法

日常私たちが行っているストレス解消方法には、一時的には助けになるように見えても、その後さまざまなトラブルを引き起こすものもありますので、解消方法を選ぶときには注意をしてください。

① 飲酒・喫煙

適度な量を楽しく摂取するのはよいですが、ストレスがたまっている状態での飲酒や喫煙は、心身の健康を害します。一時的には効果がありますが、依存性が高く、次第に量が増えても満足しなくなる「山型サイクル」になりやすいのです。

一度依存症になってしまうと、自力で止めることは不可能です。仕事を失い、家族や友人など大切な人との関係が壊れてしまいます。

睡眠薬や精神薬も、服用は必ず医師指導のもとに行ってください。特に薬物乱用は犯罪と深くかかわっていますから、立場逆転になってしまう可能性もあります。

② やけ食いやダイエット

やけ食いも一時的には満足感がありますが、食べ過ぎると体重が気になります。

イライラがつのってダイエットに走ると、

やがて体調が狂います。

また極端なダイエットを行った場合は、摂食中枢に異常が起きて命にかかわることがあります。

食事は、適度な量を楽しくいただけるように注意してください。

③ **暴力**

かっとなると、体のエネルギーを外に出さないと耐えられないときがあるかもしれません。ストレスの多い職場では、身体的な疲労が重なったり、心理的に追い詰められることもあるでしょう。

暴力によって幸せになる人はいません。

自分がけがをしたり、相手をけがさせたりしてその責任を取る必要があるのみならず、自分がコントロールできなかったことから自尊心が傷つき、自信も失っていきます。

自分の心の弱さを否定し、自分に力があると思い込むために、さらに暴力を振るうという悪循環にもなりかねません。暴力が出始めたら、アンガーマネージメントを早めに受けることを勧めます。

第3節
キレない、キレさせないコミュニケーションスキル

会話を続けるには、安定した関係性が必要です。ここでは、関係を切らないための予防的なスキルと相手がキレている場面で素早く落ち着かせるスキルを紹介します。

1 相手が感情的になっているときにしてはいけないこと（NG集）

(1) 相手のテリトリーに断りなく踏み込む

暴力や引きこもりを「道具」として使いがちな相手は、こちらが相手のテリトリーに入り込んだり、話し合いの場に引っ張り出そうとすると、「侵入された」「攻撃された」とみなして過度に防衛的になります。まず相手が警戒しないように安心できる会話をしましょう。

★ **事実を確認しない前に決めつける**

「Bさんは、〜をしたんだって？」「A先生が、あなたが〜をしたと言ってました」など、本人に事実を確認する前に決めつけた話し方をすると、生徒は「この先生はこう思っているのだ」と判断して心を閉ざしがちになります。生徒側の見方を理解するためには、たとえ自分が見ていたできごとであっても、まず生徒の見方を聞いてみましょう。

★ **自分の感情で相手を非難する**

相手のマイナス行動を見ると自分も感情的になります。自分の感情をそのままぶつけると、相手は伝えられた言葉より、言葉に含まれた感情に反応しがちです。自分の気持ちを伝えるときは「驚いた」とか「私は、こういう気持ちです」という言い方にしましょう。

「なんでそうなるの？」「中学生にもなって恥ずかしいと思わないのか」「他の人はちゃんとやれているのに、やる気あるの？」「自分のことなんだよ。もっとまじめに取り組まないでどうするの？」などは、相手を非難して傷つけてしまいますので注意しましょう。

★ **ものごとを否定的に関連付ける**

できごとを否定的に関連付けすると、相手にダメ押しをすることになります。「前もそうだったじゃない」「そんなふうに考えるからダメなんだよ」「こんなんじゃ練習したって意味がない」「また、失敗したの？　ちゃんと説明を聞いていなかったでしょ」「まじめにしないなら、休み時間なし」という言い方をされると、どうせやったってダメだと言われているように感じるからです。改善してほしいときは、「これをするとよくなるよ」と前向きな言い方に変えてみましょう。

★ **本当の気持ちと反対のことを言う**

本当は応援したいのに、叱咤するつもりで

言った一言が相手のやる気をなくさせることがあります。「勝手にしなさい」「もういいよ」「やめちまえ」「わたし、もう世話しない」等と言われると、相手は突き放された気分になります。

伝えたいメッセージは、「応援しているよ」「がんばってほしいな」等と、正直に伝えましょう。

★ 自分の経験で問題解決をしてしまう

せっかく相手が話を聴く姿勢になったのに、その人にできそうもない助言や別の人の成功例を出すと、相手の気持ちが離れていきます。その人に合う方法を一緒に探してあげましょう。

「前の職場ではこうやってうまくいったから、同じようにしよう」「私の言うとおりにしたら間違いないんだから」「だいじょうぶだって。あやまったら許してくれるって」等と言われても、何を根拠に信頼してよいかわからないからです。

せっかく助言を求めているなら、その人に合う方法を一緒に探してあげましょう。

2 素早く落ち着かせるための基本的な対応

(1) 相手がキレている場面での対応

以下の対応1から4までは、興奮している場合も引きこもったり固まったりしている場合も同様に行います。

対応1：予防

引きがねを理解しておき、こちらが引き金になる言葉を発したり行動したりしないようにします。

例：批判や非難に弱い相手に「何をばかなことをしてるんだ」と言うのではなく、ニュートラルに、「何がありましたか」「どうしたの？」と聞いてみる。

対応2：安全配慮

相手が興奮していく途上でかかわらざるを得ない場合、逆切れさせられたり自分が暴力を振るわないよう気をつけましょう。

また、興奮している生徒に対応するには一人では困難なことが多いので、助けを求めるようにして複数で対応することが大切です。

例：相手が「やれるならやってみろよ！」と挑発しても、それに乗らずに、「私は、あなたと話をしたいと思っています」「伝えたいことを言葉で教えてください」というように、自分は相手の欲求を理解する姿勢があること、相手には欲求を適切な方法で表現してほしいことを伝えます。

対応3：認知への対応

相手の言い分は聞いた上で、客観的な事実や限界を伝えて、枠組みを与えます。このとき、相手の人権を尊重してていねいに接すると、相手にとって攻撃対象ではないことを認識しやすくなります。

例：「お前じゃ相手にならんから、校長を呼んでこい！」と挑発された場合も、気持ちは受け止めます。「言いたいことはわかりました。それを校長に伝えたいなら、まずは暴れるのをやめて別室に行きましょう。」

対応4：感情への対応

気持ちは受容して「さや」に収めさせます。いったん気持ちを受け止めると、「だったらこうして」と、次の要求を出してきたり挑発してくることもありますが、それには乗らずに、「そういうことがしてほしかったのです

ね」「そういう事情があったのですね」と感情的な行動を引き起こした状況を理解します。

自分の行動や言動が相手を怒らせたのであれば、「いやな思いをさせてしまってごめんね」と素直にあやまります。

(2) 相手が落ち着いたら、冷静に話し合う

気持ちを受け止めてもらうと、穏やかに話を始めることができます。落ち着いたら、相手が何をしたかったのか、欲求に注目しながら行動を整理していきましょう。

大切なのは、自分のゴールに向かってどこまでできたかに視点を変えることです。行動を修正できることに気づくと安心できます。

・「これをしようとしたんですね」…行動の目標を明確にします。
・「ここまで　やったんだ」…到達したところまで理解します。
・「何が起こったんだろうね」…うまくいかなくなった分岐点が見つかったら、その要因を分析する姿勢を示します。
・「ここを変えるといいんじゃない？」…うまくいかなかった要因がわかったら、どう変えたらよいのか、変容の場所や方向性を示します。
・「どこまで、できるようになりたい？」…これからの相手の目標を聞きます。
・「そのために、どうしようか」…到達するための方法をいくつか考えます。
・「私にできることは、ある？」…相手が、一人でできることと、周囲に助けてもらいたいことを分けて具体策を立てます。
・「待ってるね」…行動を変えたいという気持ちはあっても、動き出すまでには時間がかかります。相手を信頼して待つ姿勢を示します。

3 相手の目線でできごとを聴く

キレている現場での応急対応ができたら、落ち着いてじっくりと話を聴いていきます。このときに大切なのは、相手にとっての「事実」は何なのかを、相手の目線で理解することです。そのための技法として、傾聴について説明します。

(1) 傾聴とは

傾聴とは、対象者の目線に立ってものごとを理解する面接技法です。

一つのエピソードをていねいに共感的に聴き、相手の考え方や感情を理解します。傾聴してもらうと、自分の気持ちや何がしたかったのかということがわかるようになるので、問題を具体的に解決しやすくなります。傾聴を行う場合には、以下の点に注意してください。

傾聴のコツ1：相手の目線で聴く

自分の頭の中に真っ白いキャンバスを思い浮かべてください。そこに相手が語る内容を描いていきます。そのとき、自分が知っていることがあっても先入観を持たず、相手が、何から、どのように、語るかを、トレースしてください。相手の世界観が見えてきます。

傾聴のコツ2：一連の流れで聴く

できごとを一連の流れとしてとらえられる

ように聴いていきます。このとき、相手の話が一段落するまでさえぎらずに聴きます。次に、話の中で抜けている場面や時系列がわかりにくかった場面などを質問してみます。

例

生徒「Bが突然、殴ってきたんだ。そしたら、Cが笑ってたんでBの足払いをして……」

教員「なるほど、では、B君が殴ってきたとき、あなたはどこにいましたか？」

と、どこで、誰からけんかが始まったのかを聞いていきます。

一連の流れで聴くときは、「それで？」「その後どうなったの？」と先を促す質問をすると、ストーリーがつながりやすくなります。

傾聴のコツ３：４Ｗ１Ｈの質問を使う

「いつ？」「どのくらいの時間続いていた？」「どこで？」「どんなところだった？」「誰と？」「まわりに誰かいた？」「何がきっかけでどういう行動をした？」「何と言った？」「どのように言った？」「相手の反応は？」「どのように考えた？」などを使うと、相手が話しながら状況を整理しやすくなります。

☆「なぜ？」「なんで？」は使いません

理由を聞きたいときは「どのような考えがあったの？」と聞いてください。「なぜ」「なんで」を使うと、相手が責められているように感じるためです。

4 明確化とは

傾聴ができたら、明確化に入ります。明確化は、表面上に語られている言葉や動作（非言語の表現）などから、できごとの背景を理解するために、言外の意味や言葉の背景にある伝えたいこと、わかってほしいことを明確にすることです。

(1) 明確化の種類

明確化には、事実、感情、解決すべき課題の３つの種類があります。

面接の初期では、事実を明確にしていきます。誰が行動の主体なのか、場所はどこなのか、何が問題なのかなどです。次にそのできごとが生じるきっかけとなった感情にネーミングします。ここではまだ感情を掘り下げません。「こういう気持ちだったのですね」と、もやもやしたアンガー状態を整理して感情に名前と方向と量をつけていきます。

最初に感情に触れてしまうと、その場面がフラッシュバックされるので落ち着いて整理ができなくなるためです。最後に解決すべき問題を明確にします。

① 事実の明確化：話されている内容を客観的にしていきます。関連している人、場所、時系列などです。

② 感情の明確化：感じているであろう感情を言語化していきます。感情の質（どんな気持ちか）、方向（誰に向かっての気持ちなのか）、量（どのくらいの気持ちがあるのか、いつからあるのかなど）にネーミングしてください。

③ 解決すべき話題の明確化：その場のストーリーの中心点を明らかにし、この場で話し合いたいこと、わかってもらいたいことを固定します。

(2) 明確化の技法

明確化をするときは、相手の話をニュートラルに聞いていくことが大切になります。自分に先入観があると、相手の立場に立った事実確認や気持ちの理解がしにくくなるためです。

① 共感：気持ちの言語化をするときに使います。「こういう気持ちですか？」「それはつらかったでしょうね」「驚きましたね」「私にはこんなふうに感じられます」などです。

② 話題を特定する質問：「それは、○○の話のことですか？」「いま話したいのは、どのことについてでしょうか？」などその場で注目したい話題を選びます。話題があちこちに飛ぶ場合は、共通したテーマを特定します。

③ 話題を深める質問：４Ｗ１Ｈのほかに「例えば？」「そのことについて、もう少し話してくれますか？」というように、一つの話題を詳細に聴いていきます。

④ まとめる：「いままで話していた内容をまとめてみると、こういうことですか」「聴いていると、２つポイントがあるように思います。これと、これで合っていますか」といったように、内容を確認します。

⑤ リフレーミングする：リフレーミングは話された言葉を理解しやすいように言い換えることです。

・言葉のリフレーミング
生徒「ふざけんじゃねえって感じでさあ」
教員「それは、もうがまんできないくらい怒ったということですか？」
と、感情の言葉にしてみます。

・気持ちのリフレーミング（誰への気持ちか）
生徒「どうせ、オレのことなんてどうだっていいんだ」
教員「見放されたように思ったのですか？
自分では、どう思われたいのですか？」
と、自分の気持ちに置き換えてみます。

(3) キレた場面の状況を明確にする質問

キレた場面を思い出すと相手は感情的になりますから、気持ちの準備をしてもらってから始めます。

相手に、「これからさっきのできごとについて振り返るので、つらくなってきたら教えてください」などと伝えておきます。このとき教員が枠組みを決めて質問していくと、相手は感情的になりにくくなります。ていねいに一つの場面を聞いていきましょう。

整理するときは「アンガーチャート」（第３章　ワークシート編）と「できごとを整理するシート②行動を相手との関係で整理する」（45頁）を用意してください。

慣れている場合は、「アンガーチャート」だけを用いて話を進めることができます。その場合は、次に説明するステップ１と２は「アンガーチャート」の欄外にメモしておきます。

ていねいに整理したい場合は、まず「できごとを整理するシート②」を用いて一連の流れとそのときの気持ちを聞き取る面接をしてみましょう。

ステップ１　事件が起こる寸前の状態を把握します。

例　「あなたはこの人と、最近どういう状態だったのですか？」（相手から不快な刺激が続いている、自分が相手を気にしている、関係ない）などを聞いていきます。

「そのできごとが起こったとき、あなたはどこにいて、相手は何をしていたのですか？」などを聞きながら図示しておくと、事前の状況が理解しやすくなります。

ステップ2　話題に出ている場所や行動を把握します。

トラブルの相手が何人か、場面がどの程度あるかを把握します。「相手は何人？」「まわりに誰がいたか覚えている？」などについて質問すると、その場面の全体像が把握しやすくなります。

ステップ3　刺激を受けたときの本人の反応を把握します。

ここからは「アンガーチャート」や「できごとを整理するシート②」を用いて相手の行動に対して自分がどういう反応をしたのかを整理していきます。

「相手は何を言ったり、したりした？」「そうされて、あなたはどうしたの？」「身体のどこに、どんなふうに感じたのかな？」「すぐにやり返したの？　それともしばらくがまんしていた？」「手をつかんだとき、どこを見ていた？」などです。

時系列にそって実際にやってみると、キレてしまうまでの詳細な動きがわかると思います。

ステップ4　気持ちを把握します。

ステップ3の行動を引き起こした感情を理解します。「できごとを整理するシート②」の右側の欄を使って気持ちを整理していきます。

「疲れて寝ようとしていたんだよね。そんなときに、触られてどんな気持ちになった？」「身体が熱くなったりした？　どんなふうだったか覚えていたら教えてくれる？」など

と、気持ちや生理的な反応がわかると、アンガーの種類が理解しやすくなります。

ステップ5　考えを把握します。

感情を引き起こした考えを理解します。直接思い浮かんだ言葉を聞いた上で、キレやすい考え方のどれを使う傾向が強いかを把握します。「起き上がるとき、何か思い浮かんだ言葉があったかな」「どんなことを考えていた？」「相手にどうしようと考えた？」「壁に押し付けていったら、相手はどうすると思った？」などです。もし、「頭真っ白だった」「覚えていない」という答えの場合は、「考えられなくなるんだね」と、その状況を理解する姿勢を示してください。

「アンガーチャート」を使うときは、上段の「これまでの考え方や感じ方」に記入します。「できごとを整理するシート②」を使うときは、右側の「気持ち」のところに加えてください。

ステップ6　結果を整理します。

その行動をとった結果、自分に起こったことや相手に起こったことを整理し、問題が解決したかどうかを明確にしていきます。「相手を壁に押し付けていって、相手はどうした？」「周囲の人は、どんな反応をしていた？」「自分はすっきりしたのかな。何か考えたり、感じたりしたことがある？」「その行動をしたことで、あなたに何が起こりましたか」「相手にはどんなことが起こりましたか」「家族や大切な人には何が起こりましたか」などです。

結果に気づいていない場合が多いので、この段階でていねいに整理してください。自分だけではなく、周囲の人に与えた結果の重大

できごとを整理するシート②　「行動を相手との関係で整理する」

　どのようなことがあったり、どのようなことを言われたりすると、あなたはどんな行動をしたり言ったりしますか？　整理してみると、自分のパターンが見えてきます。

〈記入例〉

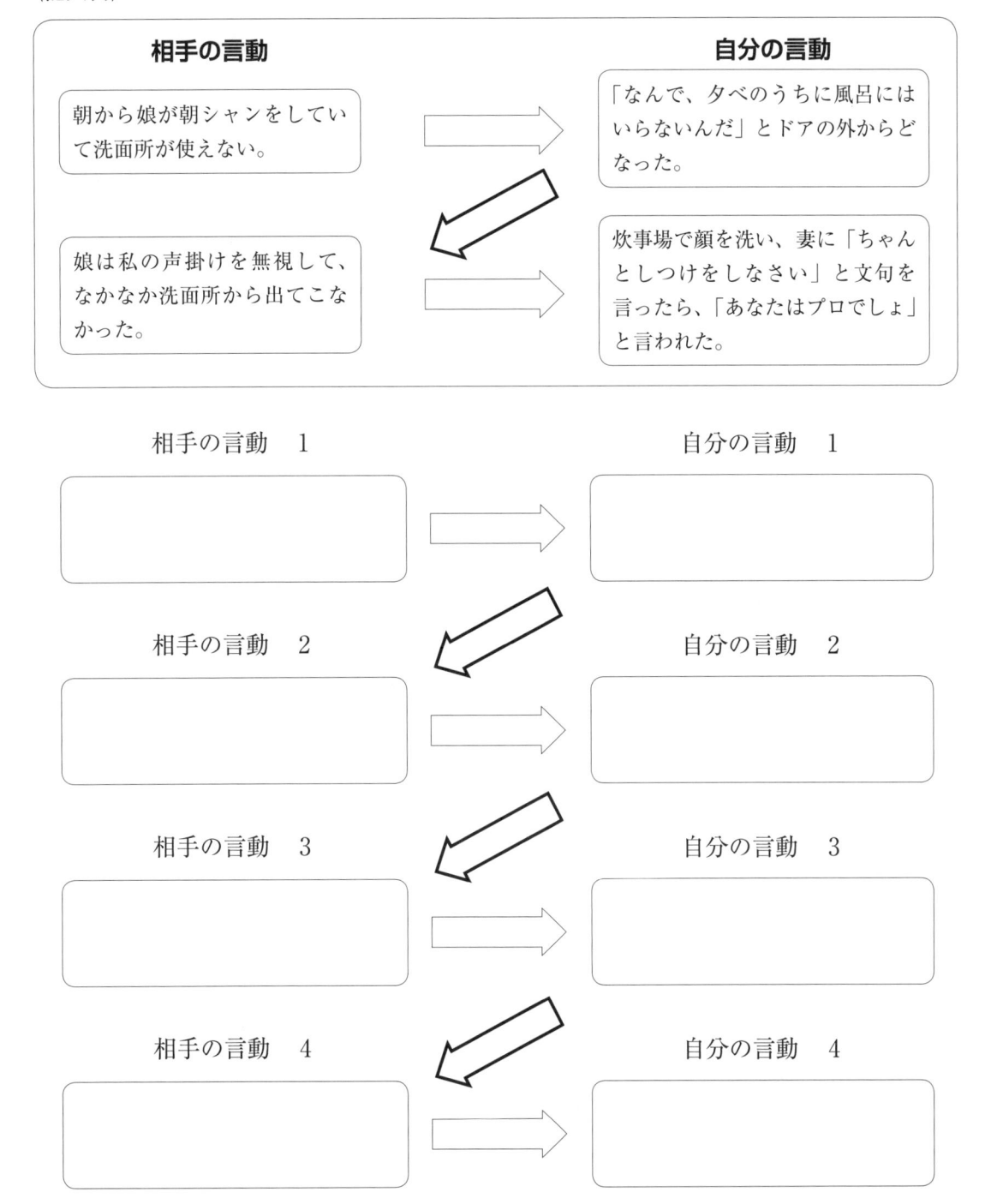

相手の言動	自分の言動
朝から娘が朝シャンをしていて洗面所が使えない。	「なんで、夕べのうちに風呂にはいらないんだ」とドアの外からどなった。
娘は私の声掛けを無視して、なかなか洗面所から出てこなかった。	炊事場で顔を洗い、妻に「ちゃんとしつけをしなさい」と文句を言ったら、「あなたはプロでしょ」と言われた。

相手の言動　1 → 自分の言動　1

相手の言動　2 → 自分の言動　2

相手の言動　3 → 自分の言動　3

相手の言動　4 → 自分の言動　4

さに気づくことが、自己コントロールへの鍵になるからです。

「アンガーチャート」を使って結果の整理をする場合は、上段の「これまでのやり方」に自分に起こったことと周囲の人に起こったことを分けて記入します。

(4) やりとりのプロセスを理解したい場合

相手とのやりとりがヒートアップしていくプロセスを振り返りたい場合は、「できごとを整理するシート②」を用いて、時間軸で相手と自分の行動を整理していきます。

なぜ、行動が悪化してしまったのか、相手のどういう言葉や行動に自分が興奮したのか、自分の言葉や行動によって相手をなぜ興奮させてしまったかを整理します。

そして、どこで止められる可能性があったかを振り返ります。

整理できたら、それぞれの場面でどのような対応をするとお互いに落ち着けたのかを考えていきます。

5 傾聴から明確化に進む面接事例

傾聴から明確化に進む面接事例を紹介します。各項目の文末の（　）にどの技法を使ったかを解説してありますので、参考にしてください。

先生：今日は、B君との仲直りについて話し合いたいので、B君についてのあなたの気持ちを教えてください。
生徒：仲直りしたいってずっと言ってるけれど、ダメだって。
先生：そう。ダメだって言われた。そのとき、どう思いましたか。（繰り返しとHOW）
生徒：仲直りできないと、試合に出してもらえるのがまた延期になるし、困ったなって。
先生：試合に出られるのが延期になるので困った。（気持ちの部分の繰り返し）
生徒：だって、これで１か月ですよ。オレ、もう反省してるし、練習しないとみんなと差はつくし……ったく、なんなんだよ。
先生：なるほど。ちょっと焦っている感じ？（困っている内容が語られたので、気持ちを明確化）
生徒：……うん。
先生：反省してるから練習に出させてくれたっていいのに、ということ？
　　　　　　　　（本人の理由づけを明確化）
生徒：うん。
先生：何をどんなふうに反省したのかは伝えましたか。
　　　　　（他罰を自分の責任に変換する質問）
生徒：え？　だって、あやまったじゃない。なんでダメなんだ？
先生：あやまったのではダメな理由がわからない感じですね（傾聴と気持ちの明確化）。B君はあなたにどう変わってほしいと言ってたか覚えていますか？
　　　　　　　　（相手の視点に立たせる質問）

練習

相手が次のように話したときに、傾聴や明確化をするにはどういう答え方をするとよいでしょうか。先生役のところを自分でつくってみてください。
生徒：もう、なんか全部いやになってきた。
先生：

生徒：オレなんか何やったってダメなんですよ。

先生：

生徒：いつだって注意されるのはオレばっかだし、顧問だってみんなオレのことをダメなやつだって目をつけてるからそうなるわけでしょ。

先生：

生徒：他のヤツのときは、見逃すことだって多いのに、なんでオレが同じことやったら、あんなにしつこく注意されなきゃいけないんですか？ アイツなんとかしてくださいよ。オレこのままだと、またぶん殴りそう。

先生：

生徒：別に試合に出られなくなったっていいですよ。どうせ、もうスポーツ推薦ダメになっちゃったんでしょ。A先生も無理だって言ってたし。

6 メリットとデメリットの整理

これも明確化の一つです。行動を変えるには、その行動を続けるメリットよりもデメリットのほうが多いことに気づく必要があります。

まず、「アンガーチャート」や「できごとを整理するシート②」を用いて、一つのできごとをじっくり傾聴することで、引き金や行動がどう生じているかのパターンを理解します。次の2つの例を用いて、面接の進め方を説明しましょう。

例1：B君は、教室で誰かがA君をいじめていると一緒にいじめに加わる

例2：A君は暴力を振るわれてもじっとしている

ステップ1 その行動を引き起こしている自分の考え方のゆがみと向き合う。

「その行動をしようと決断した理由は？」「どんなふうに考えたからそうしようと思ったの？」などと問いかけると、考えが出てきます。

例1：みんなと同じことしてたら、仲間だと思うじゃない？　　　(Black or White)

例2：抵抗したらよけいにやられる

（過度な一般化）

ステップ2 その考え方から自分が得ているメリットとデメリットを整理します。

例1：（メリット）自分一人じゃないから安心

（デメリット）いじめられている相手がばらす危険性がある

例2：（メリット）自分は悪くないと思っていられる

（デメリット）友達が避けるようになる

ステップ3 その行動や考え方を続けていることで本当にほしいものが得られているのかを明確化する。

例1：それで本当に気持ちがすっきりするのだろうか？

例2：自分は誰に何がわかってもらいたいのだろうか？

ステップ3まで来ると、その場での不安や楽しみは得られていても、本当の気持ちや相手に伝えたいことは伝わっていないことに気づいていきます。

7　認知の変容や自己変容段階で指導者の理想を押し付けないためのポイント

話し合いが進むと、一見「～になりたい」という方向性が共有されているように思えるときがあります。ここが要注意です。希望は出ても、それに向けて自己変容をするにはかなりの抵抗が生じるからです。抵抗がないまま進む場合は、面接者の思いを代弁している場合が多いので、ていねいに相手の気持ちを聴いてください。

(1) 抵抗をていねいに扱う

抵抗というのは、「変わりたいけれど、変えられない」あるいは「変わるのが不安」というような葛藤がある場合に生じやすくなります。抵抗は以下のような形で現れます。

① 沈黙

目線を合わせない。じっと黙り込む。

② 話をそらす

一見、話題は続いているようでも、内容をすり替える（たいていは人の話題）。

③ Yes, But が相手から出てくる

「なるほど」と肯定してから「でも、こういう場合はどうするんですか？」と反対の状況を持ち出してくる。

④ 具体的な対応策を求められてくる

「どうしたらいいか教えてください。それやりますから」と一見前向きだが、自分が直面することから逃げています。

⑤ 直接的な反抗や攻撃

「うるさい、黙れ」「もうこの話はしたくない」。その場から立ち去る場合もあります。

(2) 面接者と本人の考えを分ける

抵抗は、面接者にも生じます。相手を受け入れなくてはいけないことはわかっても、いまのままではダメだという思いが出てしまうからです。行動変容や認知変容の段階になったら、事前に「自分の理想」と「本人のゴール」を分けておくと、相手の希望にそった話し合いが進めやすくなります。

(3) 抵抗への対応方法

抵抗が生じたら次の3つのステップで話を進めてみてください。

ステップ1　抵抗を理解し、受容する。
ステップ2　抵抗の意味を本人に気づいてもらう。
ステップ3　行動、認知変容の対象が明確になったら、それを一緒に解決していく。

3つのステップに共通して使える技法を次に紹介しておきます。

① 目の前で生じていることを客観的に伝える

「さっきから話がそれそうになってきたように思います」「この話題はしんどいですか」

② 「わたしメッセージ」を使う

「わたしメッセージ」は自分が一緒に考えたいと思っていることや、自分の責任範囲を伝えるときなどに使います。「私はこう思います」と自分の意見を伝えたあとで、「そう言われると、あなたはどう思う？」と相手の意見を尋ねると、抵抗が少なくなります。

抵抗は葛藤しているときに生じるため、「わたしメッセージ」を使って相手の考えを励ましたり評価したりすることも効果的です。「私は、その考えに賛成です」「この部分を私は

とてもいいと思いますよ」等です。

③　限界設定

　限界設定には、自分に対してと相手に対しての2通りがあります。問題解決に対する相手の責任範囲と自分の責任範囲を設定して共通理解をしておくことが、抵抗をゆるめるために大切になります。

・自分の責任の範囲の限界設定

　自分の願いや責任範囲を相手に伝える場合は、「私は、あなたにこういうことをしてもらいたいと思っています。あなたがどこまでできそうか、話してください」「私はこのことについて、あなたが部長に何を話すかを整理する手伝いはできます。ただ、実際にお願いするのはあなたの責任だと思いますよ」などです。

　自分が責任を負いすぎて行動化したり、相手がするべきことまでしすぎたりしないように注意します。また、自分の責任範囲内のことは、相手から拒否されても行うようにしましょう。ここでのNGは、「じゃあ勝手にすれば」と突き放す言い方をすることです。

・相手の責任の範囲の限界設定

　相手が抵抗している最中は、相手が引きこもったり攻撃的になったりしやすいので、気持ちは受容するけれど、規範的に無理なことは無理と伝えます。

　また、本人の義務や責任も明確に伝えましょう。踏み出すことに躊躇している場合は「逃げたい気持ちは、わかります。さて、いつまでそうしていたら動けるようになれそうですか」、人に依存してやってもらおうとしている場合には「不安な気持ちはわかります。では、やってもらって本当にあなたは自分の責任を果たしたことになるかを考えてみましょう」、または「ここは、あなたのやる部分だと思います。できると思いますよ」と励ますことや、「ここまでやってもらえれば、私もその先は一緒に手伝えますよ」等の言い方が考えられます。

④　いまできていることを本人に伝える

　動き始めるには、勇気と自信が必要です。ダメなところに注目している人をできている部分に視点を変えることでアクセルを踏み込む支援をしてみましょう。「でもさあ、いままでだってダメだったんだから、いまさら無理だよ」と、あきらめモードに入りそうなときは「新しいことに踏み出すには、不安がありますよね」と気持ちを受け止めた上で、「あなたはそれでもいま逃げずにここにいますね。こうやって悩めるということ自体がすごいことなのですよ」と、やれていることを具体的に認めていきましょう。

⑤　ニュートラルな伝え方をする

　抵抗があると、つい命令や察しなどを用いて相手を操作したくなります。行動や認知を変えるのはあくまで本人ですから、この段階になったら54頁の表のようなコミュニケーション方法を使って、本人が自分で考える支援をしてみてください。

(4)　見方を変えてみましょう

　抵抗が緩和され、いままでの行動のメリットやデメリットが整理できたら、いよいよ物事のとらえ方を変える段階に入ります。見方を変えるには以下のような方法があります。例では自分自身の考え方を緩和する方法を紹介していますが、相手と会話する場合でも同

様です。

① 量を当てはめてみる

主観的に物事をとらえていると、時間や人数、レベルなどの区別がついていないことがあります。冷静に考えるには対象を絞ることが大切です。この方法は、過度な一般化、Black or White、完ぺき主義、〜べき思考、過大評価・過小評価等ほとんどのキレやすい考え方に適用できます。

例えば、「あいつらは、いつも掃除をサボる」と過度な一般化をしてイライラしていたとします。これに対して「サボっているのは何人だろう」「自分と相手の掃除の仕事量の割合はどのくらいだろう」と、量を当てはめて考えてみます。すると、「自分がしているのは80％、相手は20％」と整理できます。「そうか、まったくやってないわけじゃない」と少し落ち着いたら、「どのくらいやってくれれば、自分の怒りは少し収まるだろうか」とゴールを考えます。

② 他罰から、自分がしたことに視点を移す

自分が一生懸命にやっているのに相手に伝わらないと腹が立つ「〜べき」思考の人や、被害的で自分が傷つきたくなかったり、自分ではやりたくなかったりすると、他罰が出やすくなります。

他罰傾向が出てきたら、まず自分の欲求を整理してみます。他罰しているときは主語が他者になっていると思いますので、「相手が〜だ」という言い方を「私は、〜してほしい」という表現に変えて書いてみましょう。

例えば、「生徒が自分の言いたいことをわかってくれない」という先生は「私（先生）は、生徒に自分の言いたいことを伝えたい」と変換してみます。次に、何に怒っているのかを考えます。「わかってくれない相手に腹が立つ」ことがわかれば、ゴールは「わかってもらうようにする」ということになります。

ここまで整理できたら、相手を動かすのと自分が変わるのとどちらが変えやすいかを考えていきます。「変えるのは自分でもよいのだ」と発想の転換ができたら「相手に変わってもらうために自分ができることは何かを考えてみよう」と、具体的な解決方法を考えます。

③ 別の可能性を考えてみる

解決策が見えないと思い込んでいるときは、視野が狭くなっていることが多いようです。視点を広げて別の見方をしてみると、異なる原因が見えてきたり、新しい解決策を思いついたりします。

例えば、授業がわからないので不登校気味になっている生徒へのアプローチを「学校に行く以外で勉強する方法を探す」に変えてみます。

文字を書いたりまとめたりするのが苦手で作文を書かない生徒に対して、保護者に指導を依頼するのではなく「本人が一人でレポートをする以外の方法」や「文字以外で考えを表現する方法」を考えてみます。

集中力が短期間しか持続しない生徒に対して、「コツコツ努力しなさい」と言い続けるのではなく、「一気に仕上げるけれども、すべてを一気ではなく、材料は集めておく」ことや「一気に仕上げるために、他の用事を断る方法」等も提案してみます。

ちょっかいを出してくる相手に対して被害的なとらえ方をするのではなく「いじめをし

ているのは、幼いから（自分より強いからではなく、精神的に育っていないから）かもしれない」と考えてみる。あるいは「自分だけがからかわれるのは、自分が何か引き金になっているのかもしれない」と自分側の要因を考えてみる。その他、焦ったり勝ち負けにこだわったりするときには、「スポーツマンにだって、スランプになることはあるかもしれない」「競争するだけじゃないスポーツだってあるはずだ」等と考えてみる。別の可能性を考えることはいろいろな場面で役立ちます。

④　相手の立場や事情を考えてみる

通常相手の立場に立つことは、対立解消をするときに必須の要素です。小学校3年生以上になるとできるようになります。これができるためには、基礎力として別の可能性を考える力が必要です。さらに相手の気持ちを理解するには、共感性が必要です。

例えば先生が、いじめを傍観している子どもたちになんとか動いてほしいと感じていたとします。「助けないのは、いじめられている子のことなんか気にしてないんだ」と思い込んでいる被害的な思考から、「何か事情があるのかもしれない」と視点を変えてみます。「どんな事情があるのだろう」と冷静になると、周囲を見る余裕が出てきます。不安や力不足、人間関係等の事情が理解できれば、それに合わせた支援方法を考えることができます。

また、いじめている子のことを考える場合には、「いじめると、あの子たちには何が起こるのだろう」と欲求を分析することもできます。その他、成績が悪いと部活をやめさせようとする顧問の指導方針を理解する例として、「成績が悪いと部活をさせてはいけないと思っているのは、単位が取れなくなったら、部活はずっとできなくなると心配しているからかもしれない」と長期的視野でとらえることも可能です。

なお、相手の立場に立つためには、状況を正確に理解する力が前提になります。正確に理解せず主観的に想像して思い込みで動いたのでは、他者理解ではなく自己中心的な振り回しになるからです。

⑤　トンネル思考の壁の外側を想像してみる

トンネルの中に入ると、自分が灯りを持っていないと出口もわかりません。暗闇は距離感がないので延々とどこまでも続くような不安もあります。

この方法は、トンネルの中にいても、「この壁の外はどうなっているのだろう」あるいは「トンネルを抜けたら何があるのだろう」と自分がいまいる場所から時間的空間的に視点を外に出してみる方法です。

例えば自分が仕事を抱えていて「誰も自分を助けてくれない」と思い込んでいるとします。「助けてくれない人がいなくなったら、誰がその後ろにいるだろうか」と壁をはずしてみます。すると、「助けてくれないのは、一部の人だけで、同僚や、家では親が話を聴いてくれている」と考えることができます。

時間軸を未来に延ばして考えてみる方法もあります。「3か月後もいまと同じ状態だろうか」という具合です。自分がトンネルの中に入り込んでいるときはなかなか人の助言を受け入れにくくなりますから、まずいま自分がいる場所や状況を客観的に図示したり列記

したりして整理してから、その外側、未来予想等をしてみてください。

⑥ **とらわれ思考は、とらわれ思考で解決してみる**

これもトンネル思考の解決方法の一つです。どんなに考えを追い払おうとしてもいやな思いが襲いかかってくるのなら、「意図的にそのことを考える」というとらわれをつくる方法です。「気になるできごとについて一日〇回は必ず考える」と決めるなどです。自分が支配されている思考を逆に自分がコントロールするという発想の転換です。

⑦ **思い切って極論を考えてみる**

極論を考えるのも思い込みから脱する方法です。とことんその考え方をつきつめたらどうなるか、実践する場面をシミュレーションしてみます。

例えば「あいつはまた今日もいやがらせをしてくるに違いない」という思いがあるなら、「そうか、どうせやりたいなら、思いっきり毎日やらせてやったらどうなるだろうか？ ひょっとしたら飽きるかもしれないな」と思えるようになるかもしれません。

こだわりが強い小学生が、「着替えは更衣室じゃないといやだ」とごねながらかばんの中に着替えをぐちゃぐちゃに突っ込んでいたので、「こだわりにも哲学があるんだ。着替える場所にこだわるなら、服のたたみ方もきちんとこだわりなさい」と伝えたら、素直に「はい！」と聞いて、動き出した例もあります。

仕事がうまくいかなくて「もうやめたい。どうせ自分なんか必要とされてないんだ」と思うことがあった場合、「じゃあ、思い切って職を変えてみるか。もし違う職につくとしたら何をしたいだろうか？」と思いを別のものに変えてみると、リフレッシュすることもできます。

8 言い訳ではなく、説明をする

相手をキレさせやすい人は、状況を説明しているつもりで言い訳をしていることがあります。次の例は職員室での会話です。新任のA先生は事務作業が遅く、集金や書類を出すのがいつも遅れます。昨日が締切の書類もまだ出していません。主任のB先生は副校長から催促されているので、A先生が教室から戻ったら督促を始めました。

B：A先生、昨日までにつくるはずだった書類、どうなっていますか

A：え？　昨日までのって？

B：前に伝えていますけど。保護者会の案内です。

A：来週なんだから、明日印刷すればいいじゃないですか。今日は忙しいんですよ。

B：忙しいって、みんな忙しくたってちゃんとやっていますよ。

A：だって、今日は、これから部活なんです。試合前だから見てやるって約束しちゃってるんです。生徒を裏切れませんよ。

B：生徒を待たせればいいでしょう。

A：そんなこと言っていいんですか？　先生はいつも生徒の信頼を裏切るなって言ってるじゃないですか。

B：それとこれとは問題が違うでしょう。

A：違わないでしょう。教師がそうコロコロ態度を変えたらいけないと思いますけど。

B：私のどこが態度を変えているというのですか。
A：だって、そんなに大切なんだったら朝の打ち合わせのときに言ってくれればよかったじゃないですか。そしたら、僕だって空き時間にやっていましたよ。
B：じゃあ、私が悪いって言いたいんですか。
A：ほら、そうやってまた怒る。話が進まないじゃないですか。
B：進ませないのはどっちですか。とにかく、書類をつくってから部活に行ってください。
A：そんな無理なこと急に言わないでくださいよ。
B：無理を言っているのは、どっちですか。あなたは、教師でしょう！　自分の責任を果たしてください。
A：じゃあ、部活は大事なので行ってきます。

　A先生は部活に行ってしまいました。B先生は、副校長にあやまり、A先生が部活から戻るのを待ちましたが、なかなか戻らなかったため、その間イライラが収まらず自分の仕事もうまく進みませんでした。
　A先生がしているのは言い訳です。「あなたメッセージ」で他罰や批判をしてくるので、受け取るB先生はどうしても防衛的になります。カッとならないために、事実を伝えていくのですが、相手は交渉の場に出てきていません。
　何とか自分のやりたいことを通すために、B先生の非をついてきます。この場面で、A先生は部活を優先したいという状況、B先生は書類を出すことを優先してほしいという状況をお互いに説明するにはどうしたらよいでしょうか。説明する技法を紹介しておきます。
① 　私メッセージを使う
② 　自分の希望を伝えてから理由を加える
③ 　解決の提案をする
　語順で相手に伝わるニュアンスは変わります。理由を先にすると言い訳になりやすいので、希望を先にしてから理由を付け加えるようにしましょう。

A：私は、部活を優先したいと思っています。3年生の引退試合が近いので、ボール運びのチェックをしてあげたいのです。
B：3年生の引退試合の指導があるという状況はわかりました。私は、保護者会のプリント作成を優先したいと思っています。校長先生の決済が必要なのですが、校長は明日から出張になるので私も困っているのです。5時までに作成したいので、これから30分協力していただけませんか。

　説明をする段階で、上記のB先生のように相手の事情を肯定的に繰り返すと、相手は交渉の場に出やすくなります。お互いの状況が説明できたら、交渉が始まります。どちらかの問題の場合は、問題解決する方法をいっしょに考えますが、上記のように利害関係が対立している場合は、次の対立解消の方法に進みます。

9　自分も相手も納得できる解決方法を探す

　対立を解消するには、お互いが冷静に話し合う環境をつくることが大切です。双方がス

トレスマネージメントを行ってから話し合いに臨めればよいのですが、なかなかそうはいきません。まず、自分が興奮しないようにした上で話し合いをしてみてください。相手が話し合いのゴールを理解してくれれば、「ふくろうさんの5ステップ」を開始します。

対立を解消するには次の3つの方法があります。
① 両方の意見を少しずつ取り入れる
② 両方が出した解決策とは異なるが、両方の意見が入っている方法を新たにつくる
③ 意見が合わないことを合意してこの件についてはそれぞれが納得する方法をとり、これ以上お互いに触れない約束をする

(1) 5つのタイプの解決方法

問題解決としてよく見かける方法に、次の5つのタイプがあります。サメ、カメ、テディベア、キツネ、ふくろうのタイプです。

サメは、カッとなりやすく、強い言葉や暴力などで相手を威嚇して自分の思いどおりにことを進めるタイプです。自分の気持ちはスッキリしますが、相手の気持ちは尊重されません。一時的には解決したように見えても

ふくろうさんの5ステップ

タイプ	自分の気持ち	相手の気持ち	問題の解決
サメ	○	×	自分だけが満足
カメ	×	×	問題の解決にはならない
テディベア	×	○	相手だけが満足
キツネ	△	△	どっちつかず
ふくろう	○	○	両方とも満足

自分がスッキリしているだけなので、どこかに不満が残っていますし、相手が力をつけてきたら形勢が逆転することもあります。

カメは、自分の殻に閉じこもりがちなので自分の気持ちを表現することもなければ相手の気持ちを推し量ることもしないタイプです。できるだけ問題が起こらないように、人とかかわらないようにしているので、トラブルは少ないようです。

しかし、問題が起こっても謝罪も説明もしませんから、相手が「サメタイプ」の場合には、言われっぱなしやられっぱなしになりますし、テディベアの場合には相手が勝手に解釈します。いずれにしても問題は解決しないままです。

テディベアは、自分より人の気持ちを優先するタイプです。本当の気持ちを伝えないので、ストレスはたまっていきます。まわりもテディベアの考えは軽視するようになるので、なおさら言いたいことがあってもなかなか切り出せないようです。

テディベアはため込みすぎて身体化したり大暴れしたりすることもありますが、それも自分のせいだと落ち込んでしまいがちです。

キツネは、相手によって態度を変えます。自分より強い相手なら調子を合わせますが、決して本音は出しません。相手に自分のしてほしいように考えを刷り込んでいったり、都合が悪いところでは知らないふりをしてみたり、自分が傷つかないように、責任をとらなくてすむように立ち回ります。

いずれも結局、問題は解決していません。

ふくろうは、自分の意見や気持ちもきちんと伝え、相手の気持ちや考えも理解した上でお互いが納得のいく解決策を探そうというタイプです。この方法を「ふくろうさんの5ステップ」と名づけて次に紹介します。

(2) 「ふくろうさんの5ステップ」解決方法

話し合いをスムーズに進めるためには、ルールが必要になります。以下のように進めてみてください。また、当事者2人では難しそうな場合には、第三者に間に入ってもらって話し合いに立ち会ってもらうだけでも落ち着いて話し合うことができます。

ステップ1 双方にとって好ましい解決策になるための約束事を確認する。

①順番に話す。②相手を批判、批難したり悪口を言わない。③出された結論には従う。

ステップ2 一人ずつ言い分を聴く。

話すほうは伝えたいことをわかりやすく伝えるように配慮し、聴くほうは傾聴や明確化を用いて理解しようという姿勢を示します。

ステップ3 どの点で対立しているのかを明確にする。

お互いの言い分が明確になると、表面上の問題と本来解決しなくてはいけない問題が理解できるようになります。例えば、教室はきれいにしたいというゴールは一致していても、どのように掃除をするか、整理するかについての方法論で対立しているなどです。

ステップ4 対立している要素を解決する方法をリストアップする。

この段階では、まずブレーンストーミングを使います。できるかどうかの可能性は別にして、どういう解決方法があるかをリスト

アップしていくのです。相手が出した解決策は否定や非難をせずにアイデアを出していくと、思いもかけないような発想が生まれることがありますし、柔軟な考え方もできるようになっていきます。

　いくつか解決方法がリストアップできたら、メリットとデメリットを整理していきます。実行するのにかかる時間、費用、労力、自分たちだけでできるのか等です。お互いに納得がいく解決方法が見つかれば、それを選びます。

ステップ5　解決方法を選び、具体的な実行方法を詰めていく。

　解決方法は2つくらい選んでおくとよいでしょう。優先順位でまず1つ目を具体的に決め、もしそれがうまくいかない場合には次に行うことを決めておくと、あとでまた話し合わなくてもすむからです。誰が、いつ始めていつごろをめどにどの程度できるようになるといいという予測も立てておくことをすすめます。

　例えば、先生と生徒の話し合いで「宿題は毎日提出する」と決めたとします。いままで週に1回程度しか提出できていない生徒に毎日実行させるのは本人にも負担がかかりますから、1か月かけてできるようにするというように、実行可能性の高いプランを立てることが大切なのです。また、お互いに決めた解決策を協力し合って達成するためにどういう声かけをしてほしいかも話し合っておくといいでしょう。

第4節

支援者のストレス

　普段はストレスに強い人でも、急激なストレスにさらされると、身体や心にさまざまな反応が生じます。これをCIS：Crisis Intervention Stress（危機介入時ストレス）と呼びます。

　CISは、地震・火事・自然災害や大きな事件・事故などに日常的に携わる支援者（警察、消防、救急隊など）に生じやすいストレス反応ですが、学校でも事故や生徒指導にかかわる事件等の発生したときなどに同様の反応が起こります。

　また、対人関係が不安定だったり、衝動的に暴言が出たり暴力をふるったりする児童・生徒に対応せざるを得ない場合は、日常的に強いストレスにさらされていますので、CISが生じやすい状況にあります。

　CISは、初期に対応すれば回復が早くなりますので、まず生じる背景と応急処置についての理解を深めてください。

　応急処置が終わったら、CISを生じさせた場面を振り返り、アンガーマネージメントを実施することをおすすめします。予期せぬ状況に対しても冷静なとらえ方ができるので、適切な行動ができるからです。

1　CISと応急処置

　身体、感情、思考を急激に使いすぎると、表1のような反応が現れます。

　それまでは気にならなかった音やにおい、他者の行動などに絶えず反応が生じるようになるので、筋肉の緊張がほぐれず、肩こり、腰痛、頭痛等が出始めます。

　ゆっくりと食事をする時間も減りますので、水分摂取量も減り、むくみやだるさが出ることもあります。過覚醒の状況になっているので、横になってもなかなか寝付けなくなるといったことも起きます。

　身体反応の段階での応急処置では、身体の緊張をほぐし、血液やリンパの循環をよくすることが大切です。水分補給、入浴による筋肉の弛緩、定期的な食事等により体内時計が正常に機能しやすくなります。

　危機状況だからこそ、緊張する場面とリラックスする場面の調節が必要なのです。

　身体症状が出ているのに活動を続けなくてはならない場合には、意思によって無理に身体を動かすことになるので、次に認知上の反応が生じます。

表1　CISの反応と応急処置の方法

	反　応	応急処置
身体の反応	筋肉のふるえ（足がつる、顔や身体がピクピクする） 痛み（頭痛、胃痛、腰痛、等） 冷や汗、めまい、吐き気	・身体的な緊張をほぐしましょう。（顔、目の周囲、頭皮、首筋、肩など）、深呼吸、温めるなど。 ・自分に合うリラクゼーションをしてみます（音楽を聴く、好きな写真や絵を見るなど）。
	食欲不振	・定期的に胃を動かすようにし、負担の軽いものを食べましょう。水分は十分に補給し、排尿・排便の状態を整えてください。
	眠れない	・無理に眠ろうとせず、リラックスできる音楽を聴く、本を読む、誰かと話してみる、身体をマッサージしてみるなど気持ちが楽になりそうなことをやってみましょう。 ・気になることを書きだして、明日何をすればよいかを整理すると落ち着きます。
思考の反応	覚えられない、思い出せない	・見やすいメモ帳に書き留めておきましょう。 ・忘れたいことを無理に思い出さないようにします。
	決断に時間がかかる 考えがまとまらない	・重要な決断は1人でしないようにしましょう。 ・優先順位がつけやすいように選択肢を与え、時系列で考える支援をします。
	フラッシュバックがある	・職務中にフラッシュバック（つらい場面がよみがえってくる）が起きるときは、いったん、作業から離れて休憩してください。 ・反応が出たときにどうするかを具体的に考えておきます。周囲にも助けを求められるようにしておきましょう。 ・反応が続くときは、専門家の支援を求め、フラッシュバックの場面に対する具体的な解決策を考え対応できる形にします。
気持ちの反応	感情の起伏が激しい	・がんばろうと興奮するのは自然な反応ですが、無理をしすぎないようにしましょう。まだやれると思っても、定期的に休憩をいれます。 ・また、怒りや不満の感情が激しいときは、自分の気持ちなのか、支援した人の気持ちを引き受けたのかを整理してみてください。 ・周囲の人は、いつもどおりに穏やかに接してください（無理に落ち着かせようとはしませんが、興奮が続くようなときは、静かな部屋に行く、水を飲むなど、物理的に気分転換をさせてあげてください）。
	気持ちが沈んだまま力が出てこない	対応している児童・生徒や他者の気持ちを背負い込んだり、自分の職務がうまく遂行できていないときに落ち込みがちです。1人で抱え込まずに、いまできることをしてみましょう。周囲の人は、励ましすぎたり、なぐさめすぎたりしないようにしてください。コントロール感を取り戻していく支援をしてください。
	気持ちが動かない （ボーっとした感じ）	ショックで感情が動かなくなるのも自然な反応です。日常生活を安定させ、睡眠や食事を定期的にとってください。安定してきたら、自然に感情を出していいのだと伝えます。

例えば、考えがまとまらない、覚えられない、思い出せなくなる等です。優先順位をつけたり手はずを整えたりするなどの判断力も低下するので、仕事の見通しが立てにくくなります。

思考への反応が生じたら、その機能をカバーできるIT機器や協力者を探しましょう。誰かと話しながら目に見える形にして整理することができると、大切なことがわかりやすくなります。

なお、フラッシュバックが出ているときは、勇気を持って一時的に支援からはずれてください。刺激を排除することで、過去のできごとと現実の区別をつけやすくなるからです。

フラッシュバックは、自分がコントロールできなかった場面に生じやすいので、反応が落ち着いたら、今後類似した場面が生じたときにどうするか、具体的な解決策を考えていきます。

認知反応が強くなると、仕事が思うようにはかどらないため、焦りや不安が募り、いったいいつまでこの状況が続くのだろう、誰のせいでこんなことになっているのだろうと苛立ちが強くなります。

感情のコントロールがきかなくなってくると、気持ちの浮き沈みが激しくなったり、落ち込んだまま意欲が減退したり投げやりになったりすることもあります。

気持ちの反応が出始めたら、支援からしばらく離れてください。

身体、思考、気持ち、どの場合でも反応が激しかったり持続したりする場合は、専門家に相談してください。

2 CISを生じさせやすいタイプ

CISは、自分に求められている職務内容に対して、自分の力量が見合わなくなったときに生じやすくなります。支援場面で「しようとしていたこと」と「したこと」にズレが起こると、さまざまなストレス反応が生じるためです。

以下に、CISを生じさせやすい3つのタイプについて説明しますので、当てはまる場合には、予防をしましょう。

(1) ストレスに弱い場合

ストレス耐性が低い人は、対応している場面でショックを受けやすいため、CIS反応が出やすくなります。暴力、いじめ、事故や事件の被害者を見て苦しくなったり、何かしてあげなくてはいけないと焦ったり、不満をぶつけられたりすると、必要以上に落ち込んだりしがちです。

一方、ストレスに強い人は、困難場面も前向きにとらえる力や対処方法を持っているので、同じ場面に遭遇してもショックを自分で和らげることができます。

(2) 日常的にストレスマネージメントを行っていない場合

ストレスは、第2節で説明したような方法で和らげることができます。しかし、日常的にストレスマネージメントをしていないと、未解消のストレスがたまってしまうので、心に余裕ができません。

また、たまったストレスを抑圧し続けると、

うつ状態になったり突然爆発したりしやすくなります。

一方、日常的にストレスマネージメントができている人の場合は、受け皿に余裕があるので、一つ一つのできごとに冷静に対応することができます。

(3) 責任感が強すぎる場合

責任感が強すぎる人は、自分の行動が適切であったのかについて他者の評価が気になりがちです。また、こうしたタイプの人は、上司から過度に期待されても、精神的、身体的な限界を超えてその期待に応えようと努力したりします。

支援がうまくいっているときは、身体に無理な負担をかけてもなんとかやっていけます。しかし、自分ではよかれと思って行った対応に対して、児童・生徒やその家族、同僚、上司などから批判や非難をされたり、自分一人ががんばりすぎて孤立したり、期待された職務が遂行できなくなったりすると、CISの反応が出やすくなります。

一人で抱え込まずに、職務を分かち合ったり、できている部分に注目したりしてみましょう。

3 CISへの対応

CISへの対応は2段階になります。1段階目は応急処置、2段階目は自己の問題の整理になります。

1段階目：応急処置

ここでは、身体、思考、感情のどの反応にも役立つ方法を紹介しておきます。個々の反応については、表1を参考にしてください。

ステップ1 刺激を排除する。

いったん支援場所から離れることをおすすめします。トイレ、個室、屋上など、一人で静かになれる場所を探して、5～15分ほど休憩してください。

ステップ2 気持ちを落ち着かせる。

深呼吸や身体のリラクゼーション等、感情を落ち着かせます。第2節のストレスマネージメントを参考にして、自分が職場でできそうなことを実践してください。

お茶を飲む、音楽を聴く、落ち着ける写真や絵を見る等、安心感やプラスの感情が出ることをします。

ステップ3 身体に栄養を与え、明日からの支援の準備をする。

早めに休む。食事をしっかりとる。職務に必要な資料や機材を整えておくなどする。

ステップ4 翌日の任務でうまくいかない場合の代替え案を用意しておく。

協力者を集める、目標をいくつかの段階に分けておく等、一人で課題を抱え込まないようにしておきます。

2段階目：自己の問題の整理

CISを強めている特定の場面がある場合は、その場面について整理をし、具体的な解決策を探します。また、同様の状況があった場合への対処方法を考えて、誰かに協力を求めるなど具体的な活動をすることが大切です。

現実的に状況が変化していることを認知す

表2　わたしのSOSリスト

身体のサイン	考え方のサイン	気持ちのサイン
朝起きるとき身体が重い	考えがまとまらなくなる	やる気が起きなくなる
肩こりがひどくなる	挑戦的、攻撃的な考えが出やすくなる	ちょっとしたことで、イラっとする
夜、噛みしめが強くなる	断りたいのに、断れない	マイペースの人に嫉妬する

表3　黄色信号のときにできることリスト

身体への対応	考え方への対応	気持ちへの対応
ゆっくりお風呂につかって、身体をマッサージする	とりあえず、ひとつだけ考えるようにする	好きな音楽を聴く
エネルギーの発散に、バッティングセンターに行く	なんとかなるさ、とつぶやいてみる	イライラは、解消してあげるからねと自分で慰める
とりあえずストレスの元から離れる	一人で頑張らなくったって、いいんだよとセルフトーク	誰かに話を聴いてもらい、気持ちを出してみる

表4　赤信号のときにできることリスト

身体への対応	考え方への対応	気持ちへの対応
とりあえず、食べられそうなものを定期的に取っておく	一番気になることを具体的に解決する方法を考える	やれていることを目に見える形にして自分を安心させる
八つ当たりしないように、刺激になるものはよける	マイナス思考に「止まれ」と声をかける	がんばっている自分にご褒美をあげる
1日だけでも仕事から離れてみる	専門的な助言がもらえる人のところに行く決断をする	安心できる人のところに行って、状況を打ち明けてみる

ることによってストレスは軽減していくからです。

特定の場面について整理をする場合は、第1節にある刺激と反応のチャートを用います。望ましい行動を考えるときには、以下の手順で「アンガーチャート」（123頁）を作成します。

ステップ1　自分が気になる「できごと」を刺激と行動に分けます。

ステップ2　その行動を選んだときの自分の考え方を「これまでの感じ方・考え方」と「同じできごとへの感じ方や考え方を変えてみる」の欄で整理します。

ステップ3　望ましい行動と結果を「適切な方法」の部分に書きます。

ステップ4　望ましい結果にするために、自分がどういう考え方をするとよいかを考えます。セルフトークも参考になります。

ステップ5　それを実行するための具体的な準備を考えます。

なお、応急処置を行っても、反応が続く場合や反応が激しい場合は、専門家に相談して自分に生じていることについて整理する手伝いをしてもらってください。

CISがひどい場合は、支援の場面で受けたショックが自分の感情や価値観、問題解決方法や対人関係などに複雑にからまっている可能性があります。

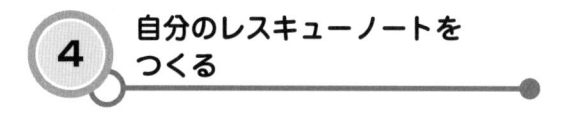

❹ 自分のレスキューノートをつくる

ストレスに強くなるためには、悪化していく途中のサインに気づくことが大切です。身体反応が出やすい人もいれば、気持ちが落ち着かなくなる人もいます。

表2を参考に、第3章のワークシートで「わたしのSOSリスト」を作成してみましょう。

悪化していく途中のサインについては、第2節の「ストレスとは？」や表3、表4を参考にして、第3章のワークシート「黄色信号のときにできることリスト」「赤信号のときにできることリスト」をつくっておきましょう。

第2章

事例編

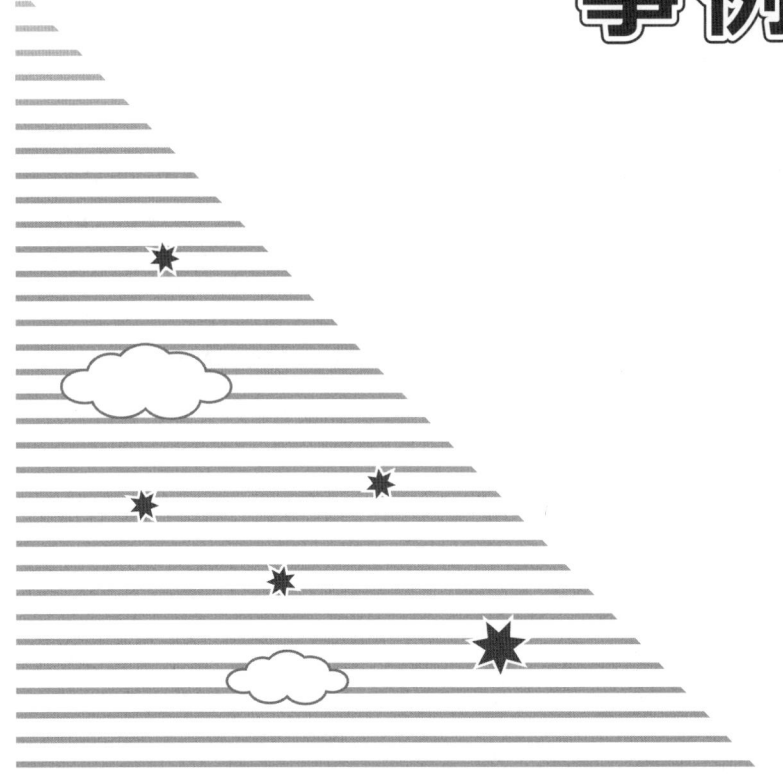

第1節

反発するタイプへの対応
反発するタイプの特徴と基本的な対応

1 大人に反発する子どものタイプ

　大人に反発する子どものタイプは、2つあります。1つは、大人への不信感が強く、自分の価値観を守るために真っ向から戦うタイプ、もう1つは、社会のルールが面倒で自分にとって不快なことは拒絶するタイプです。

　前者は、幼少期に虐待を受けていたり社会から拒絶されてきた傷つき体験があることが多いため、Black or Whiteの思考で敵か味方かの二分をしたり、「大人なんてみんな一緒だ」という過度な一般化をしがちです。

　対応としては、まず相手の言い分を傾聴し、相手の価値観を理解することから始めます。理解の段階では、価値観を否定したり変更させようとしたりはせず、**傾聴するなかで、相手がその価値観に固執しなければならなかった背景を理解することが大切**です。

　理解ができたら、その価値観のメリットとデメリットを整理し、これから生きていくために大人に反発することのデメリットを理解してもらいます。その上で、自分の価値観を大人にわかってもらうために具体的にどんなふうに伝えればいいのか、どういう態度をとるといいのかを一緒に考えます。

　このタイプの子がキレないようにするためには、次の2つが大切です。
　1）ニュートラルに聴く
　2）相手ができる方法を考える

　このタイプの子は自分の価値観に固執していますから、聞いているとわがままでひとりよがりな見方に思えます。つい修正したくなりますが、そこはこらえます。また、このタイプは自分で決めたいので、時間がかかっても答えは自分で出すように支援します。

　アドバイスを出す場合は、複数の選択肢を出して、「君にとってどちらがよいか」を本人に選んでもらいます。

　一方、後者の場合は、社会のルールを認めること自体を拒否しており、考え方としては「どうってことないだろう」という過小思考がよく見られます。

　おもしろそうなことには食いつきますが、すぐに飽きます。せっかく仕事が見つかっても、面倒になったり注意されたりしたら、すぐやめてしまいます。

　対応する側は「そんなことでいいのか」と上から目線になりがちです。あるいは、「勝手にしろ」と放任したくなってしまいます。

このタイプに対応するときのコツは、
1)「〜べき思考」をゆるめる
2) 誤った行動をしたときは正しい行動を示す

ことです。例えば「中学生ならこのくらいできるだろう」「やれてあたりまえ」という「〜べき思考」があると、期待を裏切られ続けるために怒りが爆発しやすくなります。

まずできていることに注目して認め、日常生活を安定させることから始めます。

課題は「維持」です。活動でも人間関係でも、「つなげる」力を身につけることが大切なのです。そのためには、それまで築いてきた「社会のルールはめんどう」という歪んだ認知を変える必要があります。幼児に社会性を教えていくときと同様、人とつながることの楽しさや安心感を体験してもらいながら、正しい言動を教えていきます。

では、以下の事例で考えてみましょう。

事例1　大人を極端に警戒する道夫くん（中学生）

この中学校では、毎日のように物が壊れます。廊下の蛍光灯が割れていたり、トイレにいたずら書きがあったり、教室のロッカーのドアもへこんでいます。体育倉庫ではライン引きがぶちまけられていることもあります。

先生たちには道夫くんを中心とするグループがやっていることはわかっており、呼び出しては注意を繰り返していましたが、その場では「わかりました」と言うものの、いっこうに変化がありません。

そしてある日、1年生の廊下に飾られていた作品が踏み荒らされていたのです。放課後でしたが、見ている生徒がいたので、すぐに道夫くんたちのしわざだとわかりました。担任が確認するとあっさり認めたので、1年生の担任の先生に謝罪に行かせることになりました。

1年生のA先生は赴任して2年目。学級経営に熱心で、教室はいつも整理しています。放課後、教室で待っていると、道夫くんのグループがやってきました。が、その態度がA先生を激昂させました。制服のシャツはズボンの外に出ており、上履きのかかとを踏んづけたまま両手をポケットに入れてブラブラとやってきたからです。

4名のグループでしたが、2名が先に教室に入ると、A先生はいきなり2名をどなりつけました。「それがあやまりにくる態度か！」と。ビクッとした2名は、そそくさとシャツを直しましたが、「お前もだ！」と指摘され、道夫くんは「はあっ？」と首をかしげてA先生を見下ろすと「ばかじゃねえの。すぐ熱くなりやがって」とぼそっと言いました。

A先生は道夫くんの胸ぐらをつかむと、「もう一度言ってみろ。君は自分の立場がわかっているのか！」と、道夫くんを廊下の壁に押し付け始めました。A先生の怒鳴り声を聞きつけた2年の担任C先生と1年の主任のB先生が駆けつけて2人を引き離しましたが、もう謝罪どころではありません。

A先生はC先生に向かって、「あなたはどんな指導をしているんだ！」と怒りの矛先を向けてしまいました。

後刻、C先生に道夫くんたちの対応を頼み、主任がA先生と別室に移動して振り返りをす

る中で、A先生がカッとなった経緯を、次ページのようなアンガーのチャートにまとめてみました。

ひきがね：
・道夫くんたちの乱れた服装を見た
考え：
・礼儀がなっていない　　　（〜べき思考）
・ここで喝を入れないと、この後もバカにされる　　　　　　　　　（過度な一般化）
行動：
・いきなり生徒をどなりつけ、非難して胸ぐらをつかんだ
行動に対する結果：
（自分）生徒への体罰に対する反省文を書いた
（生徒）「だから大人はだめなんだ」と不信感を高めたかもしれない
（主任）「すぐに熱くなるやつだ」と思われたかもしれない

　主任のB先生がA先生に「ひきがね」の部分をていねいに聴いてみると、以下のことがわかりました。
　A先生はもともと礼儀を重視しているので、道夫くんたちが教室に来る前に学級の生徒を帰し、相手を迎える準備をしていました。当然、相手にも同様の態度を求めたのです。
　べき思考の人は、相手への期待が大きいだけに、それが裏切られたときの落差は激しくなります。この部分を「できごとを一連の流れで整理するシート」にまとめてみることにしました。（68頁参照）
　自分の気持ちが伝わらなかった寂しさが怒りとなって爆発してしまったことに、A先生は気づいてくれました。そこで、A先生が望む結果になるようにするにはどうしたらいいかを一緒に考えました。
　先生が望むのは、道夫くんたちがきちんと謝罪してくれることです。しかし、そのためには、道夫くんたちが謝罪する気持ちにならなければなりません。A先生と一緒に、なぜ道夫くんたちがこのクラスの作品をねらったのかをまず考えました。1年生の作品は、となりのクラスにも展示してあります。
　また、これまでにいたずら書きされたり壊されたりしたものがある場所も図示してみました。共通しているのは「目立つ場所」です。事件を起こしたあともすんなりと自分たちがやったと認めています。
　道夫くんの家庭状況について情報を集めてみると、父親がお酒を飲むと暴力を振るっていたようです。道夫くんも小さいころから父親に怒鳴りつけられたり殴られたりしてきましたが、母親は口を出すと自分も殴られるので、助けてはくれないようです。
　A先生と一緒に、「道夫くんがこの人なら信頼できる」と思える大人はどんな人なのかを考えました。これまで大事にされた経験のない道夫くんには、まず人間性を回復することが大切だと思われたからです。
　また、道夫くんは怒りをぶちまけることはできても、本当の意味で問題を解決してきたことはないのではないかということにも気づきました。そこで、道夫くんが自分の行動は修正ができるのだということを理解するためにはどうしたらよいかについて考えました。以下が、A先生が考えたとらえ方の変容です。

考え：
- 道夫くんがつっぱっているのは、自分に敵意を持っているのではなく、大人全体に対してなのかもしれない

  ちゃんと呼び出しには応じるのだから、認めてほしいのかもしれない（別の可能性を考えてみる）

↓

☆考え方を変えた結果、A先生は道夫くんに対する「無礼だ」という感情が減り、「聞かせよう」という上からの態度ではなく、落ち着いて同等の立場で話をする気持ちの基盤ができてきました。

行動：
- 道夫くんに対して、先生のほうがまず大切に接してみる
- 相手の言い分を聞いてみる
- 自分の気持ちを伝えてみる

　数日後、A先生はもう一度道夫くんと一対一で会うことにしました。しかし、道夫くんは、また同じ態度で、入口から入ろうとしませんでした。

　そこで、A先生は自分から近づいていってあやまったそうです。「この間は、カッとなってしまって申し訳なかった」と、きちんと頭を下げたそうです。道夫くんは意外な顔つきになりましたが、何も言いませんでした。

　そこでA先生が、「君の話を聞きたいんだけど、教室の中で話してくれるかな」と道夫くんを誘うと、道夫くんは、ついてきたそうです。

　しばらく横を向いて外を眺めていましたが、壊れた作品はすでに修繕したこと、A先生が道夫くんに求めたいのは、自分のクラスの何が気に食わなかったのかを知りたいことだということ、道夫くんのほかにもいやな気分にさせている生徒がいるかもしれないので、自分にどうしてほしいのかを聞きたいのだと伝えました。

　道夫くんはまたしばらく沈黙していましたが、ボソッと一言、「ムカついたんだよ」と言いました。「何に？」と先生が聞いても黙っていました。

　A先生は内心、「こっちがこれだけ折れているのに、何だよその態度は」とカッとなりかけたそうですが、アンガーマネージメントのトレーニングで学んだことを思い出し、セルフトークをしてみました。

　そして、「待て待て、道夫くんは今日は挑発はしてきていない。これが彼なりの精一杯の態度なのかもしれない（べき思考をはずして、別の可能性を考えてみる）」と思い直したのだそうです。

　「わかった。何が道夫くんをムカつかせたのかは、自分で考えてみるよ」と伝え、来てくれたことにお礼を言って道夫くんを帰したそうです。

　道夫くんは、帰り際は手をポケットから出し、首をちょっとだけ前に突き出して頭を下げたような様子を見せたそうです。

　このA先生の対応は、「ドアを開ける」状態です。信頼関係は一日ではできないので、まずはこちらの言いたいことを聞く姿勢を相手がつくる準備が必要になります。

　「教員側が折れすぎているのではないか」という危惧を持たれる方もいると思います

が、相手が心を開かないと、どんなに優れた指導も入りません。

関係性ができた段階で、やっと道夫くんへの指導が始まるのです。

(事例1) できごとを一連の流れで整理するシート

生徒の言動1	先生の言動1	そのときの気持ち
他のクラスの生徒が、作品を壊した	自分の教室で話をするために待っていた	・急いで生徒を帰したので、興奮気味 期待1：謝ってもらおう 期待2：事情を聞こう 期待3：こちらの礼儀を伝えよう
生徒の言動2	先生の言動2	
2名がポケットに手を入れて入って来た	「それが謝りにくる態度か！」と怒鳴りつけた	・予定と違う驚き　・ショック ・バカにされた気持ちになった
生徒の言動3	先生の言動3	
2人は、シャツを直したが、1人は知らんふりをしていた	「お前もだ！」と道夫を指さした	・直した二人には安心 ・無視した道夫には戸惑いと憤り
生徒の言動4	先生の言動4	
「はぁ？」と先生を見下ろし「ばっかじゃねーの。すぐ熱くなりやがって」とぼそっと言う	机から立ち上がって、胸ぐらをつかみ「もう一度言ってみろ！お前は自分の立場がわかってんのか」と廊下の壁に押し付け始めた	・2回目には服装を正すだろうという期待が敗れた ・自分がやったことを全く分かっていないことへの驚きやあきれの気持ち ・こちらの非を指摘された事への怒り
周囲の言動5	先生の言動5	
2年生の先生たちが駆けつけてきた	「あんたの指導がなってないからこういうことになるんだ！」	・他の先生への憤り ・これまでの寂しさが一気に爆発

(事例1) 大人を極端に警戒する道夫君への対応

これまでの感じ方・考え方 / これまでのやり方

できごと

生徒指導で呼び出しした生徒の服装と態度が乱れていた。
何度も注意しているのに、シャツをズボンの上に出し、上履きを履きつぶして、手はポケットの中だった。

→

考え方・とらえ方

私は、
- 礼儀がなってない
- ここで渇を入れないと後でバカにされる（〜べき）
- こういう生徒は力で抑えないと図に乗るに違いない（一般化）

と考えた。

気持ち
失礼だ
怒り

→

不適切な行動と結果

（自分）
- どなりつけ、非難した。生徒の胸ぐらをつかんだ。
  結果：体罰になり反省文を書いた。

（生徒）
- 反抗はしなかったが、その場では、ふてぶてしい態度でバカにしたように見ていた。「だから大人はだめなんだ」と不信感を高めた。

（主任）
- すぐに熱くなるやつだと評価が下がった。

同じできごとへの感じ方や考え方を変えてみる / 適切な方法

考え方・とらえ方

私は、
- 道夫君のつっぱりは、自分だけに対してではなく、大人全体に対してかもしれない。（別の可能性を考えてみる）

と考えた。

気持ち
落ち着いた

→

望ましい行動と結果

（自分）
- 道夫君を尊重して、丁寧な言葉遣いで接してみた。道夫君の言い分を聞いてみた。
- 自分の気持ちも伝えてみた。

（道夫君）
- 始めは戸惑った様子だったが、じっくり聴いているうちに、気持ちを話してくれた。帰り際は少しだけだが挨拶をしてくれた。

事例2 特別支援を受け入れない太郎くんの保護者

　小学校4年生の太郎くんは、1年生の後半から一斉授業での先生の指示に従えなくなり、学習をあきらめて自分の好きな絵本を眺めているようになりました。

　学校は、太郎くんには特別支援が必要だと判断し、毎年保護者に状況を伝えてきましたが、拒否され続けていました。

　4年生の担任は、特別支援教育にも知識があるため、この時期に基礎的な学力を定着させる重要性を感じています。しかし、誠意をもって説明しても保護者が聞き入れてくれないため、保護者（お母さん）に来校してもらって、校長先生の同席のもとで説明し、特別支援学級を勧めようということになりました。何度も電話をしてようやく約束した日を数回キャンセルされた後でしたが、お母さんと太郎くんの叔父にあたる人が来てくれました。

　以下は校長室でのやりとりです。

担任：今日は、来ていただいてありがとうございます。太郎くんの最近の学校での様子をお伝えし、太郎くんにとってどういう支援をしたらいいかをご一緒に考えたいと思います。

　担任の先生は、授業に必要なものがそろっていないこと、音読についていくのが難しいこと、黒板の字を写すのにとても時間がかかってしまうこと、給食当番や掃除など集団活動のときにふいとどこかに行ってしまうことなどを伝えました。「太郎くんは性格はまじめなので、こういう行動の原因は、聞き取りが悪いために指示が聞こえていないのではないか」と伝えたのです。

　そして、特別支援の対象として取り出し授業や指導員による指導を始めたいことを伝えました。すると、太郎くんの叔父さんはムッとした表情になって話し始めました。お母さんは黙り込んでいます。

叔父：学校は太郎を差別するんですか。まるで太郎が何もできなくて先生が困っているから教室から追い出すみたいじゃないですか。生徒を教えるのは先生の仕事じゃないんですか。

担任：差別なんて……。私は、これまでも太郎くんといろいろやってきました。でも、太郎くん一人だけについているわけにはいかないのです。

　いまが大切なときなんです。このままでは1年生と同じですよ。まわりの子からだってバカにされます。授業中の彼の苦痛を考えてみていただきたいのです。

叔父：学校が苦痛だなんて太郎は一言も言いませんし、いままでの先生も何も言ってきませんでした。先生が授業をやりにくいから太郎を追い出したいんじゃないですか。

担任：太郎くんには、毎年学校から特別支援を勧めているはずですね、お母さん。私は追い出したいなんて思ってもいません。私がこれまでどれだけ太郎くんのためにやってきたかわかっているんですか。どうしたら太郎くんが幸せになれるか、一番考えているつもりです。

叔父：まるで私らが何も考えてないみたいな言い方ですね。あんただって、私らが家で何をしているか知らないでしょ。

担任：叔父さんが一緒に住んでいることも聞いていませんし、家でどうしているかなんてお話しいただけていませんから。

叔父：プライバシーなんだから、話す必要はないだろう。

（担任の先生の顔がかーっと赤くなるのが見えたので、校長先生が口をはさみました。）

校長：担任の先生は実によくやってくれています。このクラスには太郎くんのほかにも学習支援の必要なお子さんがいますが、一人ひとりに丁寧に指導してくれています。
　太郎くんはときどき校長室にも来て絵本を読んでいたりするので、私も一緒に漢字の勉強をしたりするんですよ。

叔父：要するに、迷惑だと言いたいんですね。

担任：校長先生はそんなこと言ってないでしょう。私は、保護者であるお母さんの意見が聞きたいのですが。

（お母さんは、困ったように叔父さんをちらちら見ています。）

叔父：私がこの家の代表で意見を言っているんです。

担任：叔父さんは保護者ではありませんので、お母さんの意見を聴かせてください。

（すると叔父さんが突然立ち上がって大声を出しました。）

叔父：そっちは、5人もいて、無理やりOKさせようとしているじゃないか。だから私が来ているのがわからないかっ！

（叔父さんは怒りだしてしまいました。そこで、いったん落ち着く時間を取ってから、もう一度話し合うことにしました。）

まず、担任の認知の歪みとその結果とった行動をアンガーチャートに整理してみます。

認知：
・保護者は学校の提案には従う気がない
　　　　　　　　　　　　　　　（トンネル）
・電話や約束を何度も破るなんて失礼だ。
　　　　　　　　　　　　　　　（〜べき思考）
・自分は一生懸命やっているのになぜ協力してくれないのだろう。
　　　　　　　　　　　　（被害的、〜べき思考）
・なぜ、いままでの先生たちは放置していたのだろう。無責任だ。　（〜べき思考）
☆こう考えた結果、先生は叔父さんには「じゃまするな」と憤りを感じ、母親には「自分の子のことなんだからもっとしっかりしてよ」と、情けない気持ちになってしまいました。

行動：
・太郎くんのマイナス行動だけを伝える
・校長先生や校長室を使って権威を示した
・自分の正当性を主張した
・お母さんに話してもらおうとする

行動の結果：
（自分）保護者への憤りを強め、校長先生にも迷惑をかけ、特別支援を受けることについても説得できず、自分に対して情けない気持ちになった

（保護者）母親は困ってしまい、叔父さんは怒りだし、学校への不信感を強めた

（本人）学校で特別支援はできなくなった。

家で厳しく指導されるようになるかもしれない
（校長先生）担任はせっかく太郎くんの面倒をみてくれていたのに、保護者の不信感を買ってしまうことになった

　先生の行動を決めていたのは、保護者に気持ちが伝わらないことからくる焦りや苛立ちです。太郎くんのためにいろいろ工夫をしているのに、太郎くんはいっこうに指導にのってきません。
　そのような状況で保護者から何の連絡もないため、思いが誰にも受け止められない不安定感に苛まれているようです。
　一方で、自分一人ではお手上げ状態だったので、電話をしても連絡が取りにくい保護者になんとか学校に来てもらうために、校長先生や校長室という権威を用意してしまいました。
　先生に必要だったのは、保護者がなぜ電話に出ないのか、なぜ何度もアポイントを変更したのかの背景を理解することです。先生は「身勝手」「無関心」ととらえていたようですが、叔父さんの話を聴いていると、どうやら叔父さんの都合に合わせるために延期になっていた可能性があります。
　お母さんも一人ではうまく伝えられないという不安が高いために、叔父さんに同席してもらった様子です。
　そうなると、先生もお母さんも太郎くんのことについては同様に困っていて、自分一人ではどうにもならないという点では共通のようです。
　ただし、先生はいろいろな手立てを積極的に立てることができますが、お母さんは困ると引きこもってしまうタイプのようでした。そして、双方とも誰かに助けを求めることも苦手なようでした。
　こういう場合、どのように認知を変えるとお互いにうまく意思疎通ができるようになるでしょうか。先生がこの場面で冷静に保護者（太郎くんのお母さんや叔父さん）に協力を求められるようにするために、アンガーチャートを作成してみてください。
　この事例では、先生は次のように考え方を変えてみることにしました。

変容した認知：
・保護者も自分も、太郎くんが学校で学習ができるようにしたいという目的は同じだ
　　　　　　　　　　　　（見通しを立ててみる）
・お母さんは一人だと不安なのかもしれない
　　　　　　　　　　　　（別の見方をする）
・叔父さんには差別を過剰に意識する背景があるのかもしれない　（別の見方をする）
面接のときに、場所や数で圧迫されたことがあるのかもしれない　（別の見方をする）
☆こう考えた結果、先生はお母さんの立場に共感的になることができました。また、叔父さんもひょっとするといまの自分のようにお母さんに苛立っているのかもしれないと思うようになりました。

行動：
・権威を盾にしたことについては詫びる
・親のプランと見立てを聞いてみる
・学校が提案したいことを伝えてみる
・1か月間、教室内で試しに太郎くんの支援

をしてからもう一度話し合いを持ちたいと提案してみる

以下が、認知を変えた結果の会話です。

先生：先ほどは失礼しました。叔父様を含めご家族が太郎くんのことをお考えになっているお気持ちがよくわかりました。私たちも同様に太郎くんをなんとか支援したいと思っています。ご協力をお願いできますか？

叔父：太郎を差別しないのなら。

担任：まず、ご家庭でどのようなことを期待されているか、それと、どのようなことをしているかを教えてください。

叔父：それは1年のときの担任の先生に、5年計画を渡してある。

担任：お渡しいただいていたんですね。ありがとうございます。こちらでも調べますが、いま簡単でいいので、口頭で概要を教えてください（メモを取り出す）。

叔父：小学校6年まではのびのび過ごさせ、読み書きだけはきちんとやらせる。算数は塾のプリントで繰り返し覚えさせる。

担任：では、その中で効果があると思われることを教えてください。

叔父：太郎がちゃんとやるまでやらせていますよ。

担任：私が見ている限り、太郎くんは同じことを繰り返すことを面倒がって落ち着かなくなります。それよりも、太郎くんが覚えやすいように絵やカードを使って漢字を覚えてから練習させたいのですが、いかがでしょうか（と、お母さんを見る）。

母：はい。太郎は、同じことの繰り返しをさせると、家でも投げ出して逃げ出します。

叔父：それは、お前が甘いからだ。俺がそばにいたらやってる。

担任：叔父様とだとできるのですね。ありがとうございます。ただ、太郎くんはお母さんといる時間が長いので、できるだけお母さんがやりやすくて太郎くんのためになる方法を考えたいと思います。

叔父：……

特別教育支援担当：こういう絵カードやワークブックがあります。授業でやっている漢字の練習帳などと同じようなものです。授業中に僕がほかの子にもこれを使って説明して回っていますから、太郎くんにも使ってみたいと思います。

母：（見ている。）

担任：私たちも、太郎くんののびのびしたところは伸ばしたいので、学習内容を精選して授業中に集中して覚えてもらい、休み時間には思い切り遊ばせてあげたいのですが、いかがでしょうか。1か月間、特別支援の先生が他の生徒たちも指導するために、教室に入られます。その間、太郎くんにも指導をしてもらうようにしたいと思いますが、同意していただけますか？

母：（叔父さんを見ている。）

叔父：他の子もやっているのか。

担任：ご家族の同意があれば。

叔父：それは、差別ではないのか。

特別教育支援担当：ご心配でしたら、教室をご覧になってからお決めください。

このあと、太郎くんの母と叔父さんは他教

73

室を見回り、同様に支援を受けている生徒が楽しそうに学習している様子を見て、後日支援を了承しました。

このケースの対応で大切なのは、先生が相手の不安を受け入れると同時に、願いを理解して叶えようとしていることです。

また、**態度としては、対等な立場に立って提案しています**。

対立すると、どちらの主張が通るか、勝ち負けが強調されやすくなります。また、こちらが遠慮しすぎると相手が一方的に要求を伝えてくるため、対等な立場での話し合いが進まなくなります。

気持ちは受容し、提案は根拠に基づいて具体的に行うことがコツになります。「差別」という認知を変えるのは難しそうでしたので、気持ちを受け止めた上で「差別」ではないことを実際に見てもらうこと、相手を信頼して判断をせかさないことが大切です。

(事例２）特別支援を受け入れない保護者への対応 ～担任の先生が自分のとらえ方を変える～

これまでの感じ方・考え方　　これまでのやり方

できごと

子どもに特別支援が必要なので、何度も話をするが保護者が「必要ない」と拒否し続ける。
校長同席で、保護者面談をすることにしたが、何度もキャンセルされ、ようやく今日来たら、叔父という人が突然一緒に来ていた。

考え方・とらえ方

私は、
- この親は学校の提案に従う気がない（トンネル）
- 約束を何度も破るなんて失礼だ（〜べき）
- 自分は一生懸命やっているのになぜ協力してくれないのだろう（被害、〜べき）
- なぜ、今までの先生たちは放置していたのだろう。無責任だ（〜べき）

と考えた。

不適切な行動と結果

（自分）
- 面接で太郎くんのマイナス行動だけを伝えた。
- 校長先生や校長室を使って権威を示した。
- 自分の正当性を主張した。
- お母さんに無理に話してもらおうとした。

（周囲）
- 太郎くんの叔父が興奮して、怒り出した。
- 校長は担任の味方をした。

気持ち
じゃましないで！
お母さん
しっかりして

同じできごとへの感じ方や考え方を変えてみる　　適切な方法

考え方・とらえ方

私は、
- 親も自分（教師）も太郎君に勉強ができるようになってほしいという目的は同じだ。
（見通しを立ててみる）
- お母さんは、1人だと不安なのかもしれない。
（アポイントの日が変えられた別の可能性を考える）
- 叔父さんは差別を嫌がる背景があるのかもしれない。
- 面接の場所や人数で圧迫してしまったのかもしれない。
（相手の立場に立ってみる）

と考えた。

望ましい行動と結果

- 権威を使ったことを詫びる。
- 親のプランと見立てを聞いてみる。
- 学校が提案したいことを伝えてみる。1か月、教室内で太郎くんの支援をやってから、もう一度話し合いを持ちたいという提案をする。
- 不安を取るために、実際の支援の様子を見てもらう。

気持ち
母親や叔父の
立場への共感

第2節

引きこもるタイプへの対応

1 引きこもるタイプの特徴とよくある考え方

　引きこもるタイプは、不安が高いためにより安全な場所へと撤退する意味で、固まったり引きこもったりしがちです。

　彼らに多く見られるのが、
　1）トンネル思考
　2）思い込み
　3）過度な一般化
です。不安が高いので、どうしても視野が狭くなりがちで、経験も不足していますから、過去の苦い体験を思い起こして一般化しやすいのです。

2 引きこもるタイプへの基本的対応

　幼児や低学年の引きこもるタイプの場合には、目の前の不安を取り除くことが最優先です。その上で本人が出ていってもだいじょうぶだという安心空間をつくって、何かおもしろそうなことがありそうだと思わせるなど、興味を惹くようにすることが大切です。

　また、指示をするときは、「～します」「～しましょう」という肯定的な伝え方をすると効果的です。引きこもるタイプは「～してはいけない」と言われると、いったい何をすればいいのかがわからなくなって混乱するためです。また、行動ができたら「よくできたね」とほめてあげてください。

　中学年以上には、「何をしようとしていたのか」「いまは何をするときか」を冷静に聞いてください。

　この年齢の発達課題は「自立」ですから、「自分で行動をおさめさせる」ことが大切です。本人がしたがらない背景を探り、その不安も軽減することが大切になります。本人ができることと、支援が必要なところを見極めて対応すると、自分の意思を大切にしてもらえたと感じ、セルフエスティームも高まります。

　一方、年齢が高くなり、それまでの傷つき体験が大きいと、一つのできごとが過去のフラッシュバックを引き起こすこともあります。そのために、一度こじれると修復するのが難しくなります。

　特に青年や成人に対しては、つい「そんなことでは社会でやっていけないぞ」と、行動と人格を一緒にして批判してしまう言動が出やすいのです。目の前の行動と本人の人生は切り離して、人格否定をしないように気をつ

けてください。

　青年の場合には、いま解決すべき課題を絞り込み、そのことについて話し合っているのだということを明確にすることが大切になります。

　また、相手の性格に触れるような言動をしてしまった場合には、率直に自分の非を詫びる姿勢を持つことも、大人として大切です。

　本人への継続的な支援と同時に、周囲の人も対応の仕方を学ぶ必要があるのです。

事例3　追い詰められて固まるまるおくん（小学生）

　まるおくんは小学校2年生です。きょうだい4人の長男で、小さいころからおとなしくて手のかからない子でした。一人で絵本を読んだりテレビを見たりしているので、お母さんは手のかかる弟妹の世話にかかりきりだったそうです。

　小学校1年のころから、集団の指示に従わずに絵を描いたり本を読んだりしていることがたびたびあり、先生に指導されていました。しかし、そのたびに無視して好きなことをし続けていました。

　2年生のとき、学級が荒れだしたので、学力支援の先生や副担任の先生がつくようになりました。個別対応ができるので、まるおくんの行動が目立つようになってきました。

　一斉指導には、まるおくんは従いません。先生がそばで指示すると、手で払います。それでもしつこく指示すると、机の下にもぐり込んでまるまってしまいます。担任の先生は、全体指導を進めるためにそのままにしていたのですが、副担任の50代の女性の先生は気になって仕方がないようで、毎日まるおくんのそばでいろいろ指示をしています。

　何度かうるさく言うと従うときもあるので、できるだけやらせようとしていた、ある日のできごとです。

　まるおくんが休み時間が終わってもザリガニの飼育ケースの前から動こうとしなくなりました。教室にはちょうど、巡回指導の先生、校長先生、副校長先生も見回りにきていました。

副担任（以下、副）：まるおくん。授業の時間ですよ。ザリガニは終わりです。席に戻ってください。

まるお（以下、ま）：無視してザリガニのガラスを見ている。

副：（ザリガニのガラスの前に教科書をかぶせて）終わりです。自分の席に戻りなさい。校長先生たちも見ていますよ。

ま：（教科書を振り払って、その場に座り込む。）

副：（指導の先生たちをちらちら気にしている。）まるおくん。みんな授業を始められなくて困っていますよ。行きましょう。（まるおくんの手を引っ張る。）

ま：（床を這うようにして友達の机の下に入り込みます。その席の子は、まるおくんをよけて座っています。）

副：（まるおくんのそばに行って、引っ張り出そうとしました。）いい加減にしなさい。お友達がいやがっているでしょ！

ま：（ますます丸くなって固まっています。）

副：いつもなら出てくるんですけどねえ。ど

うしたんでしょうねえ。(と、校長先生のほうに向かって、事情説明を始めました。)

　不安が高い児童の場合、自分の安全圏に入っているときに次々と指示を出されると「安全圏への侵入」と受け取ってしまうので、ますますかたくなになっていきます。

　この場合は、本人に出て行く先が安全な場所であるという見通しを立てさせることが大切なのです。

　では、副担任の先生はどのように対応を変えればよいかを、アンガーチャートに整理して考えてみましょう。

副担任の先生の認知：
・授業中はルールに従わせねばならない
　　　　　　　　　　　　(〜ねばならぬ思考)
・生徒は教師の指示に従うべきだ
　　　　　　(〜べき思考・Black or White)
・言うことを聞かないのは、反抗しているからだ　　　　　　　　　　　　(トンネル)
・校長先生たちの前でちゃんとやらなくては
　　　　　　　　　　　　(〜ねばならぬ思考)
・校長先生たちは、なぜ助けてくれないのだろうか　　　　　　　　　　　(被害的)
☆こう考えると、副担任の先生は孤立感をつのらせ、一人でなんとかしなくては、と余計に焦り、その気持ちがすべてまるおくんに向かってしまいました。

行動：
・ザリガニのケージをいきなり隠した
・教科書を見せた
・まるおくんが苦手な高い声で、次々に指示を出した
・逃げるのを追いかけ続けた

行動の結果：
(副担任) 他の先生が見ている前でうまく対応できなくて恥ずかしい思いをした。まるおくんも、悪い印象の場面を他の先生に見られてしまうことになって申し訳ない気持ちになった

(担任) 授業が進めにくそうだった。他の先生に、ベテランなのにうまく対応できないと思われたかもしれない。うるさい先生だと思われたかもしれない

　この場面で、副担任の先生の認知を変えるのは難しいので、巡回指導の先生は、まるおくんが出てきやすいような声掛けをして副担任の先生に見てもらうことにしました。

巡回指導 (以下、「巡回と表記」)：(まるおくんのそばにしゃがみこみ、その席の子にはまるおくんの席に移ってもらった。)
巡回：こんにちは。P先生です。ここにいていい？
ま：(ちらっと頭を膝から上げて、すぐに頭を下げる。)
巡回：ここ、いい基地だね。ここにいると落ち着く？
ま：(反応なし。)
巡回：(そばで、まるおくんの机の中から出してきた、魚の図鑑を広げて見ている。めくる音が聞こえる。)
ま：(ちらっと、頭を上げてきた。)
巡回：この魚、おもしろい形してるね。(まるおくんに見せる。)
ま：(頭をもたげて、図鑑を見に出てくる。)

まるお君の良い行動が出る時とマイナス行動が出る時のパターン

1．マイナス行動が出る時のパターン

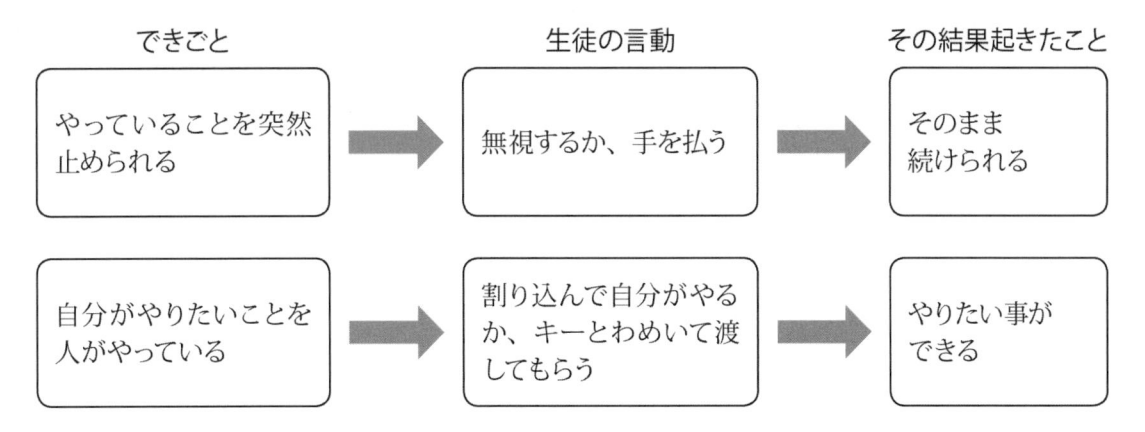

できごと	生徒の言動	その結果起きたこと
やっていることを突然止められる	無視するか、手を払う	そのまま続けられる
自分がやりたいことを人がやっている	割り込んで自分がやるか、キーとわめいて渡してもらう	やりたい事ができる

2．良い行動が出る時のパターン

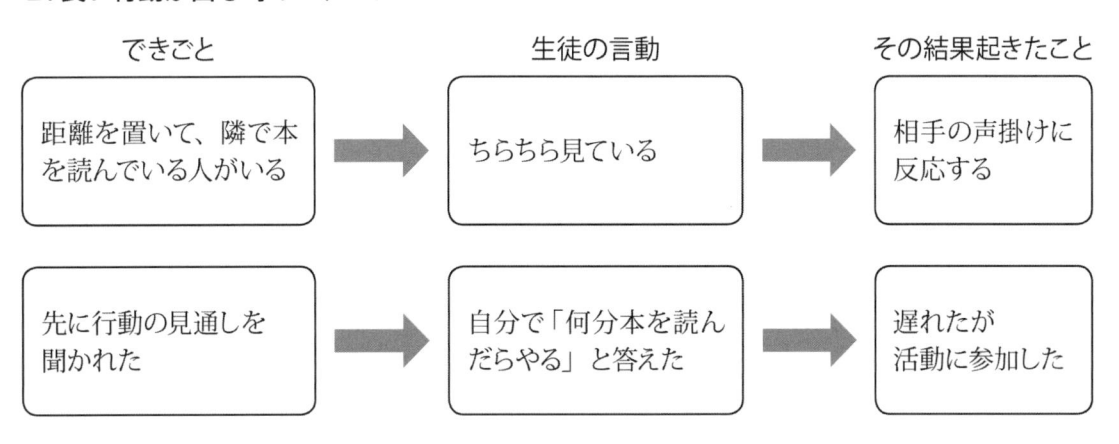

できごと	生徒の言動	その結果起きたこと
距離を置いて、隣で本を読んでいる人がいる	ちらちら見ている	相手の声掛けに反応する
先に行動の見通しを聞かれた	自分で「何分本を読んだらやる」と答えた	遅れたが活動に参加した

巡回：（しばらく一緒に見たあと）ねえ。お尻痛いから、椅子に座ろうか？（椅子を示す。）

ま：（ごそごそ出てきて、椅子に座った。）

しばらく、図鑑を眺めたあとで、先生がワークシートを配布し始めたので、それをまるおくんに見せると、ちらっと見て、名前だけ書きました。

副担任の先生の認知の変容

この様子を見ていた副担任の先生は、なぜ、まるおくんが素直に従ったのかが不思議でならなかったようです。

そこで、〈良い行動とマイナス行動が出るパターン〉のワークシートで、まるおくんの行動を整理しました。これまでの対応についてのメリットとデメリットを整理したあとで、まるおくんが固まったときに適切な対応ができるように、アンガーチャートをつくることにしました。

認知：

・固まったのは、見通しが立たなくて不安だ

からかもしれない　　（視野を広げてみた）
・どういうときに固まるのかを考えよう
　　　　　　　　　　　　（視野を広げる）
・どういう言い方をすると落ち着いて対応できているかを考えよう　　（視野を広げる）
☆このようにとらえ直した結果、副担任の先生は、みんなと無理やり合わせなくてはと焦る気持ちが減り、まるおくんの気持ちが乗ってくるのを待つ余裕が持てるようになりました。

行動：
・まるおくんの行動パターンを観察してみる
・動けているときの活動を調べる
・固まるきっかけを探してみる
・1日の活動を机に張ってみる
・机の周りにまるおくんゾーンをつくってみる
・引きこもるときは、自分の机の周りだけにする
・できたことをほめるようにしてみる

　副担任の先生は、まるおくんは「動かない子」と決めてかかっていましたが、実際に素直に指示に従うことができたり、友達と穏やかに活動でききたりする様子を見ることで、「あの子、ちゃんとできるんだ」と認知が変わったといいます。
　もともと指導熱心な先生だったので、やり方をちょっと工夫することで、うまくいくという見通しが立ったため、上記のようなことを次々と試していくうちに、まるおくんは落ち着いて授業にも参加できるようになったようです。

(事例3) 集団活動が苦手で引きこもる子どもへの対応 〜副担任の先生の認知を変える〜

これまでの感じ方・考え方　　これまでのやり方

できごと

授業が始まったのに、まるお君がザリガニを見に窓のところに行ったまま離れない。

考え方・とらえ方

私は、
・授業中はルールに従わせねばならない（〜ねばならぬ）
・生徒は教師の指示に従うべきだ（〜べき、白黒）
・言うことを聞かないのは、反抗しているからだ（トンネル）
・校長先生の前でちゃんとやらなくては（〜ねばならぬ）
・校長先生たちは、なぜ助けてくれないのだろうか（被害）

と考えた。

不適切な行動と結果

（自分）
・ザリガニのケージをいきなり隠した。
・教科書を見せた。
・まるお君が苦手な高い声で、次々に指示を出した。
・逃げるのを追いかけ続けた。

（周囲）
・まるお君は、一層引きこもった。
・校長はそのまま教室から出て行った。

気持ち
孤立感
焦り

同じできごとへの
感じ方や考え方を変えてみる　　適切な方法

考え方・とらえ方

私は、
・固まったのは、見通しが立たなくて不安だったのかもしれない。
（相手の立場に立ってみる）
・どういうときに固まるかを考えてみよう。
（視野を広げる）
・どういう言い方をすると、落ち着いて対応できているかを考えよう。
（相手の立場に立ってみる）

と考えた。

望ましい行動と結果

（自分）
・まるお君の行動パターンを観察する。動けているときの活動を調べる。固まるきっかけを探す。
・一日の活動を机に貼ってみる。机のまわりにまるお君ゾーンを作ってみる。（引きこもるときはそのゾーン）
・できたことは、ほめる様にする。

（周囲）
・まるお君は自分のペースではあるけれど、みんなと同じ行動が1つずつできるようになってきた。

気持ち
焦りが減る

事例4　励ますつもりが人格否定（高校生）

さとるくんは対人不安と脅迫性が高い高校3年生です。普段は限られた安心できる友達とおしゃべりしたり先生と話をしたりできますが、初対面の人や突発的なできごとには固まってしまいます。

また、書字に時間がかかったり、数学では途中式を見間違えがちなので、解答は書いても途中式を書かないことがよくありました。頭の中で計算したほうが間違いが少ないからです。高校3年生になって進学を志し、塾に通うようになりました。

当初はお気に入りの英語の先生がいたので、毎日熱心に塾に通い、自習室で押してもらえるかわいい絵のスタンプが貯まるのを楽しみにしていました。

ところがあるとき、数学の小テストの返却時のやりとりでトラブルになり、過呼吸の発作を起こしてしまいました。

以下がそのときの先生とのやりとりです。

先生：おい、さとる。なんで式を書かない？
さとる：……。
先生：聞いてるのか？　なんで黙ってるんだ。
さとる：なんでって言われたって……。
先生：ちゃんとこっちを見ろ。答えの字も汚い。これじゃあ、読んでもらえないぞ。
さとる：……。
先生：おまえ、あの大学に受かりたいんだろう。そんなことで受かると思ってるのか。そんな態度じゃ、この先社会でやっていけないぞ。おい！

先生は、さとるくんを揺さぶり始めました。さとるくんは、下を向いて固まったまま呼吸が荒くなり、ポケットの中で何かを握りしめています。異変に気づいた先生が他の先生を呼び、さとるくんは別室に移されました。

さとるくんのお母さんが呼ばれ、さとるくんに「何があったの」と事情を聞くと、単純に「どう答えていいかわからなかったから、黙っていたら怒られた」とのことです。さとるくんはこのあと塾をやめてしまいました。

● この場面における塾の先生の行動をアンガーチャートに整理してみましょう

先生の認知：

・数学は、式と答えで1セットだから途中の式を書くべきだ
・教師の質問には、目を見て答えるべきだ
　　　　　　　　　　　　　　　　（〜べき思考）
・このままだとさとるはダメな人間になってしまいかねない。喝を入れないといけない。
　　　　　　　　　　　　　　　　（過度な一般化）
☆先生はさとるくんの態度をこのようにとらえたので、さとるくんの顔つきが厳しくなっていくのを見て、不安と緊張を高めていきました。

行動：

・頭ごなしに、非難した
　（理由を聞いているつもりで、責めている）
・質問を次々と変えた
・相手の行動と人格を混同して、人格を否定してしまった

行動の結果：
(自分) 大学に受からせたい気持ちが通じなくて悔しい。室長に報告書を書かないといけなくなった。さとるくんの家に数回電話を入れることになった
(他の先生) 授業の準備中なのに迷惑をかけた
(さとるくん) 自分への不信感を高めた。数学の式を書く意味はわかってもらえなかった。塾に来なくなった

　黙ったり固まったりする相手を前にすると、この事例の先生のように不安になりがちです。相手から反応を引き出そうと焦って、次々に質問をしてしまうこともあります。
　引きこもるタイプにとっては、これは攻撃にあたるため、よけいに引きこもりを強くし、表情も固くなり、身体もこわばってしまいます。
　こういう場合には、相手が出てきやすい安心した雰囲気をつくることが大切です。さとるくんは結局、この日を境に塾に行かなくなりました。
　固まってしまったという無礼な態度についてはお母さんがあやまりましたが、この日の話し合いでは先生からのお詫びの言葉がなかったからです。
　その後、塾から電話はきましたが、さとるくんは話したくないと断り、塾もやめました。
　大学受験は続けたいというので、家庭教師の先生をお願いすることにしました。
　同じことが起こる可能性があるので、家庭教師の先生にはさとるくんの特性を伝えた上で、同様な状況が出たら、後述のように、そのときの状況をとらえて対応してもらうようにお願いしたそうです。

家庭教師の先生への依頼：
・固まっている背景に何があるのかを考えてみる
　　　　　　　　　　　　　（視野を広げる）
・目の前の行動と人格は分けて考える
　　　　　　　　　　（トンネル思考をはずす）
☆家庭教師の先生は、事情を聴いて自分がどう接すればよいかの見通しが立ちました。

行動：
・さとるくんが固まる前に、ウォーミングアップとして、さとるくんが話しやすい話題を話してもらう
・その日の問題の見通しを立てる
・できているところに注目して認めていく
・固まったら、しばらく待つ
・少し動きが出始めたら、「どこまでわかった？」と現状を聞いてみる
・宿題でできていないところがあったら、その場で一緒にやり直す

　家庭教師の先生は最初はとまどったようですが、上記のやり方を繰り返すうちに、さとるくんはゆっくりではあっても動き出すことがわかりました。
　また、途中の式を書かないとミスが生じやすいということも、さとるくん自身が受け入れられるようになり、1年後には希望の大学に合格することができたそうです。

（事例4）励ますつもりで人格否定 〜塾の先生との事件を元に、新しい家庭教師の先生に認知変容をした事例〜

これまでの感じ方・考え方

できごと

受験生なのに、数学の途中式を書かない。理由を聞いても無表情に黙りこんでいる。

考え方・とらえ方

私（塾の先生）は、
- 数学は式と答えで1セットだから途中を書くべきだ（〜べき）
- 教師の質問には、目を見て応えるべきだ（〜べき）
- このままだとさとるはダメ人間になる。喝を入れないといけない（過度な一般化）

と考えた。

これまでのやり方

不適切な行動と結果

（自分）
- 頭ごなしに、非難した。
- 質問を次々と変えた。
- 相手の行動と人格を混同して、人格を否定してしまった。

（生徒）
- 固まった後、過呼吸、震えだす等、様子がおかしくなった。

気持ち 緊張 不安

同じできごとへの感じ方や考え方を変えてみる

考え方・とらえ方

私（家庭教師）は、
- 固まっている背景に何があるのかを考えてみる。（視野を広げる）
- 目の前の行動と人格は分けて考える。（トンネル思考をはずす）

と考えた。

適切な方法

望ましい行動と結果

（自分）
- 固まる前にウオーミングアップして、本人が話しやすいことから話してもらう。
- その日に取り組む課題の見通しを立てる。
- できているところに注目して、認めていく。
- 固まったら、しばらく待つ。
- 少し動き出したら、「どこまでわかった？」と現状を聞いてみる。
- 宿題で、できていないところがあったら、その場で一緒にやり直す。

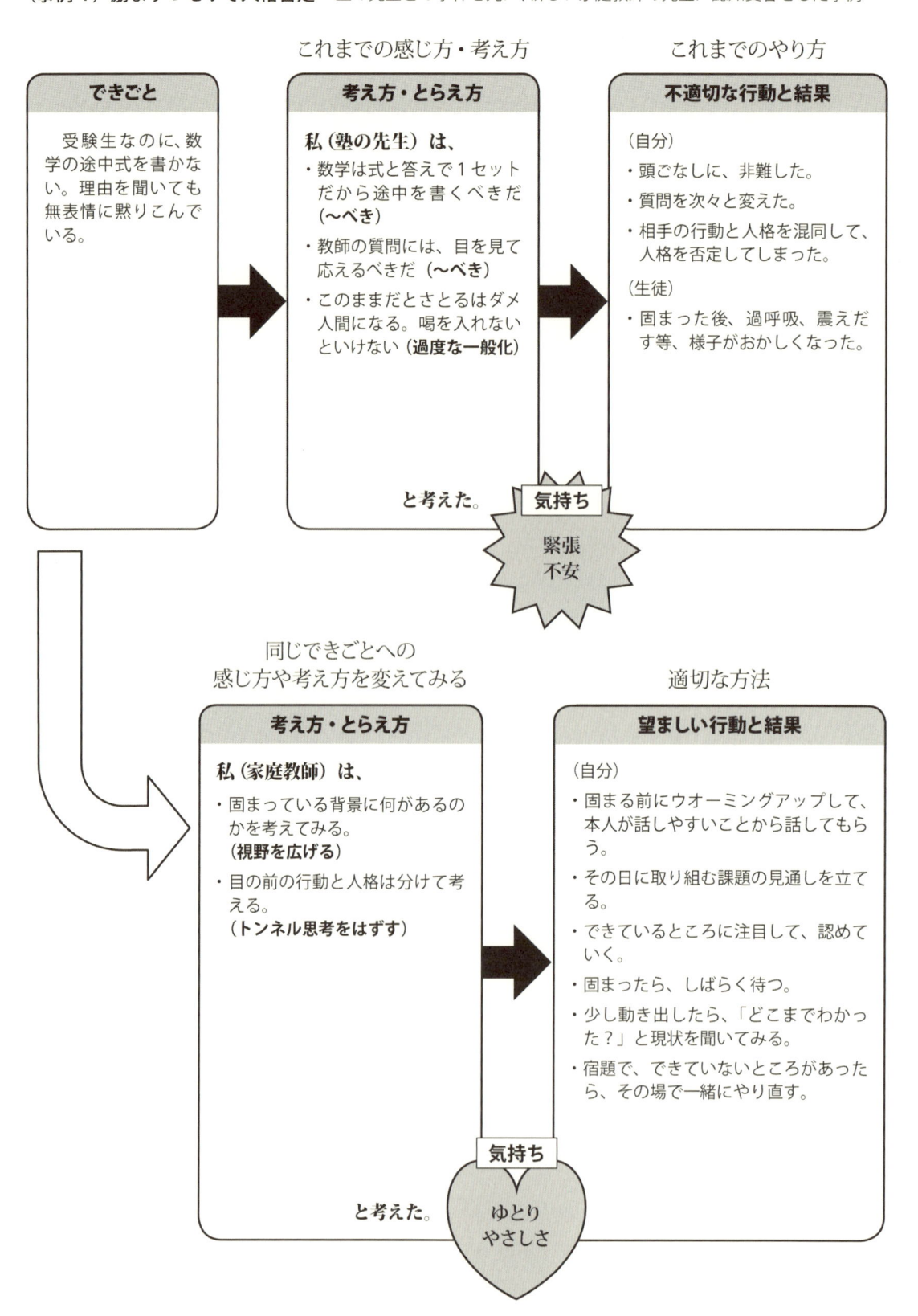

気持ち ゆとり やさしさ

事例5　抱え込むタイプの先生への対応
（教頭先生が先生を指導する場面）

　A先生は、中学校で数学を教えています。50分の授業中、40分は自分が説明をしてしまうタイプです。この中学では授業改善研究を行っているのですが、A先生は研究の意図が理解できないでいるようです。

　生徒がざわついて落ち着きがなくなってきたため、他学年の先生が授業を見に行ってはワークシートを使うようA先生に伝えたり、黒板の内容を精査するように助言しても、自分のやり方を変えようとしません。

　A先生の言い分としては、ワークシートをやらせると生徒がしゃべってしまうので、収拾がつかなくなるというのです。一方、自分が黒板に書いたことを写させていれば、静かだし、授業プラン通りに進むので、このままがいいと言います。

　以下は、A先生に教頭先生が話をした場面です。

教頭：授業のなかに、生徒に作業させるようなことを何か取り入れていますか？
A：特にはしていません。
教頭：「特には」ということは、普段はどうしているのですか。
A：普通に説明して、書きとらせて、今日の授業の大事な部分を説明します。
教頭：生徒が練習する時間は？
A：宿題を出していますから、ノートを集めます。
教頭：ノートはいつ返すのですか？
A：間に合えば次の時間ですが、30人もいるので、翌週になります。
教頭：どんなコメントをつけていますか。
A：答えを見るのが精一杯なので、コメントはつけません。
教頭：あなたは、いま本校が授業改善をしていることは知っていますよね。
A：はい。
教頭：生徒にとってわかりやすい授業を工夫してほしいのですが。
A：「ていねいな説明をしてほしい」と、アンケートに出ていますけど。
教頭：数学の学力検査の結果は低かったですね。そのことについてどう思いますか？
A：それって、私の責任なんですか。私は、生徒がていねいに教えてほしいと言うから、ていねいに説明しているだけです。
教頭：それは、今日授業を見てわかりましたが、あなたの説明の時間が長過ぎて、半分以上の生徒が寝ていましたよね。
A：それは合唱コンクールとか行事で落ち着かないからだと思いますけど。
教頭：自分の授業がつまらないからだとは考えないのですか？　あなたは先日の他の先生の授業参観のときも寝ていましたよね。
A：じゃあ、どうすればいいって言うんですか。ワークシートをやったら収拾がつかなくなりましたよ。「話し合いの時間をつくる」というのに従ってやってみたら、勝手なことをしゃべりだすし、わからない子はすることがなくなっているので、授業が予定通りに進まないのですけど。
教頭：それを何とかするのが教師でしょう。他の先生はちゃんとやっていますよ。

せっかく穏やかに始まった教頭との話し合いですが、結局、他の先生からの助言のときと同じ展開になってしまいました。

このあと、A先生は不機嫌になり、次の授業中は、黒板に説明を書いてひたすら説明を続けたようです。

先の場面で、教頭先生はどのような対応をすればよかったのでしょうか。次頁のアンガーチャートに整理していきます。

教頭先生の認知：
・教師は、自分で努力すべきだ（〜べき思考）
・同僚と同じように研究授業を進めるべきだ
　　　　　　　　　　　　（〜べき思考）
・自分が伝えれば、従うに違いない
　　　　　　　　　　　　（過度な一般化）

☆以上のように考えたため、教頭先生は最初はA先生にあきれて、他の先生が頑張っているのにこの人だけ困ったものだと嫌悪感をあらわにしてしまいました。

行動：
・本人の困り感を受け止めずに、一般論で指導した
・仲間と同様に研究をしないことを責めた
・本人の能力を努力にすり替えて指導した

行動の結果：
（自分）他の先生と同じ結果になってしまって、自己嫌悪。A先生とコミュニケーションがとりにくくなった。研究主任に面目が立たない
（A先生）教頭先生への不信感を募らせ、自分のやり方に固執するようになった

この場面でどう対応すればよかったのかを、アンガーチャートの下の部分を作成しながら、教頭先生は以下のように考えました。

認知：
・A先生には、授業を変えられない背景があるのかもしれない　　　　（視野を広げる）
・A先生の能力と自分の助言が合っていない可能性を考える（相手の立場に立ってみる）
☆このようにとらえ方を変えてみた結果、教頭先生はA先生への嫌悪感が少し減りました。

行動：
・話し合いに出てきた助言にしたがってやってみたことを認める
・どのようなワークシートをつくってみたのかを聞いてみる
・生徒の反応を聞いてみる
・その状況を一緒に分析して、生徒に合わせたものを考える面接に変えてみる

A先生のように、自分のやり方を変えることに不安や抵抗が大きい場合には、無理に認知を変えようとすると、かえって抵抗を受けてしまいます。

当面の対応としては、A先生が安心して生徒の困り感を引き出せるような理解者になることが大切です。気持ちが通じるようになってから、A先生のいままでのやり方のメリットとデメリットを整理し、この研究の中で少しでも先生ができることを探していくことになります。

(事例5) 抱え込むタイプの先生への対応 ～教頭先生が先生を指導する場面での認知の変容～

できごと

研究授業を全校で取り組んでいるのに、1人だけ自分のやり方にこだわって、協力しない。

これまでの感じ方・考え方

考え方・とらえ方

私（教頭先生）は、
・教師は、自分で努力すべきだ（～べき）
・同僚と同じように研究授業を進めるべきだ（～べき）
・自分が伝えれば、従うに違いない
（過度な一般化、過大）

と考えた。

これまでのやり方

不適切な行動と結果

（自分）
・本人の困り感を受け止めずに、一般論で指導した。
・仲間と同様に研究をしないことを責めた。
・本人の能力を努力にすり替えて指導した。

（A先生）
・余計、かたくなになった。

気持ち
あきれる
嫌悪

同じできごとへの
感じ方や考え方を変えてみる

考え方・とらえ方

私は、
・A先生が授業のやり方を変えられない背景があるのかもしれない。
（視野を広げる）
・A先生の能力と助言が合っていない可能性を考える。
（相手の立場に立ってみる）

と考えた。

適切な方法

望ましい行動と結果

（自分）
・A先生がやったことを認める。
・どのようなワークシートを作ったかを聞いてみる。生徒の反応を聞いてみる。
・その状況を一緒に分析して、生徒にあわせた指導方法を考える面接にしてみる。

（周囲の先生）
・落ち着いて、一緒に現状を考えた。

気持ち
嫌悪感が減る

87

第3節 相手の出方を試すタイプへの基本的対応

1 相手の出方を試すタイプの特徴とよくある認知のゆがみ

相手の出方を試すタイプには、愛着障害がよく見られます。近づきたいのにどう近づいていいかわからないので、安全な相手なのか反応してくれる相手なのかを試してしまうのです。

試し方もいろいろで、ベタベタとつきまとうタイプや、いきなり攻撃して相手の反応を見るタイプ、その混合などがあります。かかわっていると振り回されるので、周囲は疲れます。

ベタベタタイプがよく持っている認知は「Black or White」「過小評価」です。

気に入った人や物があると、「この人・物は自分だけのもの」として独占したがります。相手が離れていくのは不安なので、「やめて」や「いや」という拒否の反応に対しては過小評価をします。ですからこちらが本気で怒っても、ケラケラ笑ってまたつきまとうということが繰り返されます。

堪忍袋の緒が切れて無視したりすると、今度は大声で泣き出して、相手を悪者にしてしまいます。最終的には相手にあやまらせて自分が優位に立つということを繰り返すのです。

特に攻撃して反応を見るタイプの人は、相手が自分の望む反応をするかどうかを、叩いたりつばをはきかけたり、悪口を言ったりして試してきます。

反応がない相手は無視しますが、「なんだよ！」「やめてよ！」と反応したり追いかけてきたりする人には、そのことを口実にして、また次の攻撃を仕掛けていきます。

相手が無視し続けると、思いきり暴力を振るって相手がキレるように仕向けることもあるので、周囲はかかわらないようにしようとしてもなかなかうまくいきません。

むしろ、この子を怒らせないように次第にまわりが合わせていくようになるので、本人は好き勝手に振る舞いますが、まわりはイライラが募っていきます。

一方、本人も好き勝手にやっている割には、周囲に受け入れられていないこともわかっているので、いつも欲求不満です。からむ相手ができれば、チャンスとばかりにヒートアップして思いっきり発散するということを繰り返してしまいます。

2 相手の出方を試すタイプへの基本的対応

どちらのタイプに対しても、安定した対応を続けることが大切です。いきなり飛びついてきて「抱っこ」や「おんぶ」をねだったら、一度は抱きとめますが、「○○のときならいいですよ」と枠を決めて下ろします。

ごねてまとわりついてもやりすごし、少しでも距離がとれたら「いま、いい感じだね。先生、この感じ好きだな」と認めます。

いつもそばにいないと不安な背景には、「保存の法則」が成り立っていないことが考えられます。「先生がお手紙書いたから、さびしいときはこれ読んで待っていてね」「お返事くれるとうれしいな」と、代理物でも欲求を満たせるように少しずつ練習していきます。

ベタベタタイプの子どもは友達との関係をつくることが難しいので、まずは先生との関係を安定させていきながら、同級生とも少しずつ遊べるように、小グループでの対応を進めてください。

一方、攻撃してくるタイプには、「行動の翻訳」が必要になります。

攻撃は「挨拶」の代わりであることが多いので、叩いてきたら「おはよう！」と言葉で返します。「うぜえ、ばばあ」と返してきたら、「お返事ありがとう」と返しておきます。

叩かれた子には、「びっくりしたね。ごめんね。あの子はあれ、挨拶のつもりなんだよ」と行動を翻訳しておきます。叩かれたことが「怒り」にならないように、叩かれたときの感情は「驚き」とネーミングし、相手の意図を伝えておくと、周りの子どもたちが落ち着きやすいためです。

その上で、叩いた子には「この次は、お友達に『遊ぼう』って言うと仲間に入りやすいよ」と伝えます。叩いた子が「オレは、あの子たちとは遊ばないもん」と否定的に返して来ても、周囲の子どもたちに「ほらね。お返事をくれたでしょ。照れてるみたいだよ」と叩いた子の言動の翻訳を続けます。お互いの不安が緩和してくると、攻撃タイプは不思議と仲良く遊べる仲間をつくっていきます。

事例6　ベタベタタイプのあおいさん（小学生）

あおいさんは小学3年生です。人から拒絶されるとすぐにカッとなってしまうタイプです。お腹が痛くなったり泣きだすと止まらなくなったりします。そこで、数名が保健室について行ってはお話を聴くと収まるので、2年生までは周りがあおいさんに合わせてあまり怒らせないようにしていました。それでもちょっとしたことですぐに泣いたりすねたりしてしまうので、まわりもイライラし始めていました。

3年生のある日のことです。給食の時間に突然、光太郎くんの目の前に本を突きつけ、「ほにゃらぴ～」と言います。光太郎くんは本に給食がついてしまうといけないので、「や

めろよ」と本を取り上げて、本棚に返しました。見ていた周囲の子どもが「まただよ」とため息をついたり、クスクス笑ったりしています。それを見たあおいさんはカッとなり、光太郎くんにのしかかりました。光太郎くんが椅子ごと後ろに倒れそうになっていたのを先生が割り込んで止めたところ「こいつ許さない」と興奮が収まりません。

　先生は外に連れ出そうとしましたが、腕をつかむと振りほどこうとして暴れます。大声を上げるので「落ち着きなさい」と大きな声を出すと、よけいに興奮して近くにあるものを次々投げてきました。「まわりの子に当たったら危ないでしょ」と言って、無理矢理ドアの外に出しました。あおいさんは落ち着かずにドアをドンドンたたきながら大泣きをしています。

　とうとう他の生徒が校長先生と副校長先生を呼んできて、あおいさんを押さえました。それでもあおいさんは身体中をバタバタさせて落ち着きません。「お母さんを呼ぶよ」と言うと、ついに静かになって保健室でお母さんが来るまでずっと泣いていたそうです。

　こんなことが毎日繰り返されるので、先生はどう対応すればよかったのかを、校長先生と一緒にアンガーチャートで整理することにしました。以下はその詳細です。

刺激：
・倒れて頭を打ちそうになっている光太郎くんを見た
・その上にあおいさんが馬乗りになっている
・まわりの子は、クスクス笑っている

考え：
・危ない。けがさせたら大変だ。責任になる　　　　　　　（〜ねばならぬ思考）
・あおいさんの興奮を収めないと、また大騒ぎになる　　　（被害的・過度な一般化）
・まわりの子はなぜ止めないのだろう（他罰）
・保健室に行かせると、また養護の先生に迷惑をかける
☆この場面を見た先生は、危険な行為に対してヒヤッとし、一気に怒りが込み上げてきました。

行動：
・あおいさんの手をつかんで、落ち着くまで廊下にいるように伝えた
・他の生徒には「なぜ止めないの？」と叱ってから、何があったかを聞いていた

行動の結果：
（自分）給食は中断した。自分も給食を食べられなかった。午後の授業がやりにくくなった
（あおいさん）余計に興奮して、廊下で大声で泣き続けた。給食を食べずに帰宅した
（他の子どもたち）給食の時間が短くなった。あおいさんへの不信感が強くなったかもしれない
（校長先生）あおいさんへの対応で迷惑をかけた。自分の力量が不足していると思われたのではないかと不安になった

　この段階で、先生はどのように対応すればよかったでしょうか。
　先生には、愛着のベタベタタイプの特徴を

伝えた上で、この状況について、もう一度考えてもらいました。

認知：
・あおいさんが友達に近づきすぎるときは、何か伝えたいことが拒否されたときかもしれない　　　（別の可能性を考えてみる）

☆以上のように考えると、そんなにいつも危険なことが起こるわけではないと、不安な気持ちが少し軽くなりました。

行動：
・何を伝えたいのかをあおいさんに聞いてみる
・伝わらない寂しさを言葉にしてみる
　　　　　　　　　　──「残念だったね」
・まわりの生徒にあおいさんが伝えたいことを「翻訳」してみる

・まわりの生徒には、あおいさんが近づいてきたときには、まず「なあに？」とニュートラルに聞くことを伝える
・近づきすぎるときは、「これが終わったらいいよ」と、相手にできる場面を伝える

あおいさん自身にも、相手との距離の取り方を学んでもらう必要があるため、親子でのソーシャルスキル・トレーニングを勧めることにしました。

あおいさんは、お母さんとの距離の取り方もわかっていなかったので、この後、半年間をかけて、少しずつ距離の取り方を学ぶようになったようです。

クラスの生徒も、あおいさんが自らも努力し始めたことを認めて、変わらずに接してくれるようになりました。拒否されなくなった分、あおいさんは落ち着くのが早くなったとのことです。

(事例6）ベタベタタイプのあおいさんへの対応

これまでの感じ方・考え方

できごと

椅子から倒れて、頭を打ちそうになっている光太郎くんを見た。その上にあおいさんが馬乗りになっている。周りの子はクスクス笑っている。

考え方・とらえ方

私は、
- 危ない。ケガをさせたら大変だ。責任になる（〜ねばならぬ）
- あおいさんの興奮をおさめないと、また大騒ぎになる（被害的、過度な一般化）
- 周りの子はなんで止めないのだろう（他罰）
- 保健室に行かせると、また養護の先生に迷惑をかける

と考えた。

これまでのやり方

不適切な行動と結果

（自分）
- あおいさんをつかんで落ち着くまで廊下にいた。他の生徒には「なんで止めないの」と叱ってから、何があったのかを聞いた。

（あおいさん）
- 余計に興奮して、廊下で大声で泣き続けた。

気持ち
ヒヤッ！
怒り

同じできごとへの感じ方や考え方を変えてみる

考え方・とらえ方

私は、
- あおいさんが近づきすぎるときは、何か伝えたいことが拒否されたときかもしれない。（別の可能性を考える）

と考えた。

適切な方法

望ましい行動と結果

（自分）
- 何を伝えたいのかをあおいさんに聞いてみる。
  伝わらない寂しさをことばにしてみる「残念だったね」
  周りの生徒には、あおいさんが伝えたいことを「翻訳」してみる。
- 周りの生徒にも、あおいさんが近づいてきたときに「なあに？」と穏やかに聞くことを伝える。
- あおいさんが近づきすぎたら、「これが終ったらいいよ」とできる場面を伝える。

（周囲の生徒）
- 最初は、なんで自分たちばっかりが合わせないといけないのかと、文句を言ったが、トラブルを減らすために協力してくれた。

気持ち
不安の軽減

事例7　周囲に愚痴を言いまわって振り回す先生
校長先生が対応する場合

　C先生は、50代の女性です。愚痴が多く、誰かと話すときは他の先生の悪口が中心です。C先生を知っている先生たちは自分の悪口を言われるといやなので、できるだけかかわらないようにしていますが、新任の先生たちはどう対応していいか困惑しています。

　また、C先生は、指示に従わない子どもに対応するのが苦手で、強い口調で押さえ込もうとします。巡回指導の先生や保護者が来ているときには、その子につきっきりで世話をし、苦労していることをアピールします。

　一方で、女子生徒が好きな話をするのは上手です。女子の話はよく聞いたり、お楽しみ会としてクッキーを一緒に作ってみたり、男子の悪口を一緒にしたりしているので、女子生徒には人気があります。

　廊下側のドアや窓はポスターやカーテンで仕切っているので、中の様子が見えないようになっています。C先生と相性が悪くなるのはたいてい男子で、対応をめぐって保護者と担任がもめることが多いようです。

　C先生は、女子には丁寧なのに男子には厳しいので、校長先生が男子への対応方法について助言すると、「そんなことやってる暇はありません!」とはねつけられます。このクラスには自閉症スペクトラム障害の真一くんと、お母さんが外国人のために日本語がいま一つ理解できていないナオトくんがいて、C先生は日々てんやわんやです。二人とも他の先生の指示にはうまく従えるのですが、C先生が厳しく指導するので、ちょっとした注意にも反発するようになってしまっていたのです。クラスが落ち着かないという相談を真一くんの保護者から受けた校長先生がC先生に二人への対応の仕方について以下のように助言をしようとしました。

校：C先生は、真一くんやナオトくんへの対応についてどう思いますか。

C：あの二人はどうにもなりません。スクールカウンセラーさんでも特別支援でもいいですから、教室の外で指導してください。

校：先日の巡回では、他の授業では落ち着いて授業を聞いていましたよ。あなたの言い方がきついのではないかと思いますが。

C：他の生徒はちゃんと聞いてます。あの子たちは私のことが嫌いなんですよ。だいたいなぜ毎年私のクラスにああいう子を入れるんですか？　他の子だって迷惑してるんです。

校：ご自分のやり方を変える気はないんですか？

C：なんで私ばかり悪者にするんですか？　変えるのは、あっちですよ。

校：じゃあ、試しにクラスに支援員を配置しますがいいですか。

C：それは困ります。個別指導は、クラスの外でやってください。

校：あの子たちは、取り出し支援の対象にはなりません。

C：じゃあ、結講です。

　C先生は怒って、校長室から出て行き、職員室で新人職員を集めて、「自分が困っているのに、校長先生は助けてくれない。あなたたちもこんなところにいたら、つぶされるわ

よ」と泣きながら訴えたようです。

校長先生は、どういう対応をすればよかったのでしょうか。まず、校長先生の認知と行動を整理してみましょう。

認知：
・C先生は、これまでも同じことをしてきた。このまま、退職までこの学校にいるのだから何とかしないと迷惑をかける保護者が増える　　　　　　　　　　（過度な一般化）
・自分は校長なのだから、しっかり指導しなくてはならない　　　　　　（〜ねばならぬ）
・真一くんやナオトくんは被害者だ
　　　　　　　　　　　　　（Black or White）
☆このように考えると、校長先生はC先生への嫌悪感となぜ本校に配置されたのかへの憤りが出てきました。

行動：
・C先生が悪いと決めつけて、頭ごなしに指導方法を変えるように伝えた
・C先生には、妥協する気持ちがないと決めつけて決裂した

行動の結果：
（自分）C先生との関係が悪化した。うまく対応できなかった自分への罪悪感がある。
（C先生）今まで以上に孤立し、愚痴が増えた。
（子どもたち）教室内での支援が受けられなくなった。

校長先生は、C先生への対応を考えるときに、C先生の行動をよい行動がでるときとマイナス行動になる場合に整理してみました。

C先生は新人の女性教員や女子生徒には人気があります。愚痴を言うだけなら、途中からみんないやがるのですが、C先生は悪口を最後まで言わせるので、生徒たちはストレス発散ができているようなのです。

また、職員室でも口火を切って人の悪口を言いますが、ストレスがたまっている新人教員の言い分も「そうよね。ひどいわよね」と同情的に聴いていました。他の職員は、「そんなこといつまでも言ってないで、授業の準備をしましょうよ」と相手にしていません。

また、C先生は甘いものを作るのも食べるのも好きらしく、机のまわりにはかわいらしいキャンディーやお菓子が置いてあります。女子生徒と一緒に写真を撮り、現像して配ったりしているようでしたし、新人教員をつれて食事に行ったり、ディズニーランドに行ったりもしたようです。

男子生徒はおしゃべりには混じりません。女子生徒からの情報も加わるので、男子が悪さをするとC先生の説教は長くなりますが、女子生徒は自分たちの代わりにC先生が男子に怒ってくれているので、男子生徒との仲は悪くないのです。

このような状況が見えた段階で、校長先生はC先生に対する認知を次のように変えてみることにしました。

認知：
・C先生は、大人、子どもにかかわらず「男性」が苦手なのかもしれない
　　　　　　　　　（別の可能性を考えてみた）
・女子生徒の機嫌をとっているのは、自分が孤立するのが不安なのかもしれない
　　　　　　　　　（相手の立場に立ってみた）
・C先生と真一くんやナオトくんの関係が悪

いのは、女子生徒から吹き込まれた情報にも原因があるかもしれない
　　　　　　　　　　　（視野を広げてみた）
・男子がC先生に反抗的になるのは、自分たちを認めてもらいたいからかもしれない
　　　　　　　　（別の可能性を探してみた）
☆校長先生は、冷静に状況を見直してみた結果、C先生の行動が少し理解できました。

行動：

・休み時間に男子生徒と校長先生が外遊びをすることにした
・校長室での給食の時間をつくって、順番にクラスの子どもと話をしてみることにした
・真一くんやナオトくんから直接話しを聞き、なぜクラス内で落ち着かないのかを整理することにした
・特別支援の先生に頼んで、二人一緒に取り出し授業をしてもらうようにしてみた
・C先生の言い分を受け入れたことを伝え、協力をしたいので、教室を見通しのいい状態にしてもらえるように申し入れてみた
・また、外部の先生に任せるのだから、教室内ではその指示に従って、二人の指導をしてほしいことを伝えた
・校長先生自身が、新人教員と一緒に話す時間をつくり、困ったことを直接聴くことにしてみた
・副校長先生と交代で、週に一回は新人の先生たち同士で職員室で給食ができるように、自分たちが教室で給食の手伝いをすることにしてみた

　C先生は、真一くんやナオトくんを取り出ししてもらえるなら、一部、廊下側の窓のカーテンを開けてもよいと同意しました。C先生の指導姿勢が変わることはありませんでしたが、女子生徒らが校長室に来て、おしゃべりするようになったり、新人の先生たちも校長先生たちが理解してくれていることがわかると、愚痴を言い合う回数は減ってきたため、職員室の雰囲気は和らいできました。

　結局、C先生は二人の教室内での支援は断り続けたため、事情を伝えて保護者に了承をもらい取り出し授業が続けられることになりました。

　C先生の認知を変えるのは容易なことではありません。認知の変容をするためには、本人が「困り感」を持つことが大切だからです。本人は認めないけれど、「指導方法を変えられないこと」自体がC先生の困り感なのだと校長先生が理解することはできます。そこで、C先生を変えるのではなく、周囲を変えることで、望ましい結果、この場合は、真一くんとナオトくんへのC先生の風当たりを緩めること、クラスの女子と男子の仲をよくすること、クラスの内部が見えやすい状態にすること、そして、職員室の雰囲気をよくすることを優先させることにしました。

　結果としては、C先生の言い分を受け入れることで取り出し授業をすることにしましたが、交換条件として教室内でのプログラムも支援の先生に考えてもらい、そのプリントをやってもらうようにして、二人には極力C先生が触れなくて済むようにしました。

　対応が難しい相手の場合には、相手を変えるのではなく、自分ができることを行うほうが問題解決につながりやすいという例です。

（事例7）**周囲を振り回す先生への対応** 〜校長先生が対応するために、この先生に対する認知を変えた事例〜

これまでの感じ方・考え方／これまでのやり方

できごと

特別な配慮が必要な生徒2名に、担任の先生がマイナスの刺激を与えて余計に問題行動を引き起こしている。
自分のクラスに支援を入れようとしない。

考え方・とらえ方

私（校長先生）は、
- これまでも同じことをしてきた。退職までこの学校にいるのだから何とかしないと迷惑をかける保護者が増える（**過度な一般化**）
- 自分は校長なのだから、しっかり指導しなくてはならない（**〜ねばならぬ**）
- 真一君や、なおと君は被害者だ（**白黒**）

と考えた。

気持ち：嫌悪、憤り

不適切な行動と結果

（自分：校長先生）
- 頭ごなしにC先生に指導方法を変えるように伝えた。
- C先生には、妥協する気持ちがないと決め付けた。

（相手：C先生）
- 余計に怒って、他の職員に校長から言われたことを言いつけた。

同じできごとへの感じ方や考え方を変えてみる／適切な方法

考え方・とらえ方

私（校長先生）は、
- C先生は、大人も子どもも男性が苦手なのかもしれない。（**別の可能性を考えてみた**）
- 女子の機嫌を取っているのは、自分が孤立するのが不安なのかもしれない。（**相手の立場に立ってみた**）
- C先生と真一君やなおと君の関係が悪いのは、女子生徒の気持ちに巻き込まれているのかもしれない。（**視野を広げてみた**）
- 男子がC先生に反抗的になるのは、自分たちを認めてくれないからかもしれない。（**別の可能性を探してみた**）

と考えた。

気持ち：C先生を気の毒に思う気持ち

望ましい行動と結果

（自分：校長先生）
- 休み時間に男子を集めて、校長先生が外遊びをすることにした。
- 校長室での給食の時間を作って、クラス全体の子どもの話を聞いてみることにした。
- 真一君やなおと君と直接話し、なぜクラス内で落ち着かないかを聞いてみることにした。
- 特別支援の先生に頼んで、2人一緒に取り出ししてもらえるようにしてみた。
- C先生の言い分を受け入れたことを伝えて、協力をしたいから、教室が見通しのいい状態にしてもらえるよう申し入れた。
- 外部の先生に任せるのだから、教室内ではその先生と協力して指導してほしいと伝えた。
- 新任教員と話す時間を作り、困ったことについて話を聞いてみた。
- 副校長先生と交代で、週に1回は新人の先生同士が給食を一緒にとれるように、自分たちが教室で給食の手伝いをした。

第4節

発達障害児への対応

1 発達障害児の認知と感情の特徴

　発達障害児への対応では「ひきがね」と「認知特性」に関する2つの場面でよくトラブルが見られます。「ひきがね」になりやすいのは、こだわりが強い子どもに対して見通しの立たない指示を出したときや感覚過敏がある子どもに突然不快な感覚刺激を与えたとき、「認知特性」でのトラブルは、「ああいえばこういう」とお互いにヒートアップしてしまう場面で生じます。

　ASD（自閉症スペクトラム障害）の子どもたちは熱中すると注意を転移することが難しくなります。このとき、いきなりやっていることを止められたり、指示が複雑で見通しが立たなくなると、不安に襲われます。対応する側は、相手が混乱したのがわかるのでなんとか伝えようとして言葉を次々と変えていきます。こうなると子どもは余計に混乱してこだわり行動から離れられなくなるのです。

　また、多動性・衝動性が高いADHD児に対して、苦手な音や身体接触などの感覚刺激を与えた場合にも反射的に衝動行動を引き起こすことがあります。興奮をおさめさせようと対応する側の声掛けに反応してどんどん興奮するので、双方とも声が大きくなったり、身体への接触が増えたりして大爆発を引き起こすことになるのです。

　では、認知特性の不理解によって生じやすい3つのトラブルのタイプを理解しましょう。

　1）定義の違いによるすれちがい、2）記憶のあいまいさによる状況理解の不一致、3）言葉と行動がちぐはぐであることによる誤解、です。

　1）定義の違いによるすれ違いは、ASDの子どもたちに起こりやすいようです。彼らのことばとできごとは一対一対応になっていたり、自己中心的な視点から脱却しにくいため、自分は伝えているのにどうして相手がわかってくれないのかが理解できないのです。例えば、ある子どもにとって「授業に出ていた」は、数分でも教室の中にいることだとします。一方、先生にとっては「始業ベルに席についている、教科書やノートが出ている、授業を熱心に聴いている、課題にも取り組む」だとします。先生が「ちゃんと授業に出なさい」と言っても、その子には理解ができていないため、「やってる」「やってない」というずれが生じてしまうのです。

2 発達障害児へのアンガーマネージメントの基本

いずれの場合も対応は同じです。教師が相手のことばの定義や状況を理解するために近づき、同じ世界感を持つことから始めます。また、ことばと行動のずれによるすれ違いが生じた場合には、問題行動や言動に目を向けるのではなく、できていることに注目するようにします。

特に第1章第3節で説明した「キレない、キレさせないコミュニケーション」を心がけることが大切になります。発達障害児は、セルフエスティームが低いので「否定」「非難」に人一倍敏感なためです。

基本の対応の流れは以下のようになります。
（1） いま、目の前のできごとに注目する
（2） 気持ちと行動は分けてとらえる
（3） できたことを具体的に量や質で認める
（4） これからどうすればよいか、具体的に見通しを立てる

子どもが過去のことを持ち出したら、受容はしますが、話をそちらに持っていかず「いま、目の前のできごと」を解決することに焦点を当てます。また、「気持ちは受容、行動は変容」を基本にして、欲求や感情は受け入れるようにします。気持ちや欲求を理解したからといってその通りに従う必要はありません。その欲求を正しく表現する方法を具体的に提示すればよいのです。具体的な指示を肯定的に出して、少しでもできたら認めてみてください。

事例8 定義の違いによるすれ違い（中学生）

たけおくん（中学2年生）は、アスペルガー症候群の特性があるため、独自の言葉の定義をもっています。

例えば「授業に出ている」というのは、先生にとっては、「始業のベルから教室にいて、授業をきちんと受けて、ノートも取っている」という行動を意味しています。一方、たけおくんにとっては「教室のどこかにいる」ことです。気になることは聞いているので、「先生の話も聞いている」と思っています。

あるときふらっと遅れてやってきて、自分の席につくと本を読み始めました。周囲の生徒は慣れているので「またか」と肩をすくめる程度でしたが、代理で来ていた教頭先生はすぐに注意をしました。「遅れてきたら、すみませんだろう」。たけおくんは無視して本を読み続けています。

教頭先生は、たけおくんのところに行くと、いきなり本を取り上げました。「これは、預かっておきます」。とたんにたけおくんがその本を取り戻そうと教頭先生にかかっていきました。「泥棒！」と叫びます。

教頭先生は「授業中にさわぐんじゃない。静かにしなさい」と注意しましたが、たけおくんは収まりません「泥棒！ 人のものを勝手に持っていくな！ 返せ！」ついに教頭先生の手から無理矢理本を取り返そうとして、大騒ぎになってしまいました。

他の生徒からは「教頭先生、たけおはああなると落ち着かないから、ほっといて授業を

進めてください」と言われてしまいます。「君たちがそうやってたけおを許すから、図にのるんだ。君らも同罪だぞ」と他の生徒まで叱りつけてしまいました。

　たけおくんはパニック状態になると自分が納得いくまで1時間は落ち着かなくなります。そのことを知っている教科担当の先生たちは、たけおくんがいやがることはさせず好きにさせていました。しかし、たけおくんのことは幾度となく学年会で問題になっており、このままでは他にもやりたくないことはやらない生徒が増えて収拾がつかなくなるのでなんとか指導をしなくてはいけないと報告されていたのです。

　教頭先生は、担任が甘いのがいけないと思い、この際たけおくんに厳しい指導をしようと考えていたのです。ついに、教頭先生はたけおくんを教室の外に連れ出すと、本を片手に持ったまま延々と叱り始めてしまいました。生徒が教室からのぞいているし、たけおくんは落ち着かないし、教頭先生も引くにひけなくなっています。

　さて、この段階で先生はどのように対応すればよかったのでしょうか。先生のアンガーチャートをつくってみましょう。

認知：
・生徒は、集団のルールに従うべきだ
・それを守らせていない教師は、能力が足りない　　　　　　　　　　　　　（トンネル）
・他の生徒も自分に協力すべきだ
・自分がここで、引くわけにはいかない
　　　　　　　　　　　　（ねばならぬ思考）

☆教頭先生は、廊下に出た段階で担任や他の生徒への憤りもたけおくんにぶつけ始めてしまいました。

行動：
・たけおくんを頭ごなしに叱りつける
・相手の持ち物を取り上げる
・他の生徒に協力を命じる

行動の結果：
（自分）授業を中断させた罪悪感。たけおくんにうまく対応できずに自己嫌悪。なんとかしなくてはいけないという焦りが増した
（たけおくん）教頭先生への不信感を強めた
　課題にはとりくまなかった
（他の生徒）授業が中断した。たけおくんへのあきらめ感と先生たちへの不信感を募らせたかもしれない

　では、この場面で冷静に対応するためにどのような状況のとらえ方と行動ができそうか考えていきましょう。

変容した認知と行動
認知：
・たけおくんは、授業で何をすればいいか見通しが立っていないのかもしれないと考えた　　　　　　　　　　　（別の可能性を考える）
・生活指導と学習指導を分けてみよう
・学習の指導の目的は授業中の課題を行うことである　　　　（トンネルの外側を考えた）
・たけおは、人に行動をコントロールされるのはいやだが、自分でなら行動をコントロールできると考えた

99

　　　　（相手の立場に立ってみた）
・他の生徒もどうしていいかわからないのだと考えた
　　　　（共感的に相手の立ち場に立ってみた）
☆この結果、たけおくんに対して、やさしい気持ちが生まれ、他の生徒と同じ目線になったために困り感への共感ができるようになりました。そこで、次のような対応を考えてみました。

行動：
・本を読みたい気持ちは受け止める
・たけおくんに授業中であることを伝え、本は、どこまで読んだら、課題やプリントをやれるかを尋ねる
・他の生徒には、プリントを渡して取り組んでおくように指示してからたけおくんと5分間区切って話をする

　たけおくんは、この授業のときには、しばらく本を読んでいましたが、教頭先生が置いたプリントを眺め、できそうなところを埋めてからまた本の続きを読んでいました。
　次の学年会議では、たけおくんの指導は、生徒指導ではなく学習面での個別指導計画が必要であるという視点で話し合われ、1学期かけて授業中に課題プリントに取り組めるように本人とも話し合う機会をもちました。

(事例8）発達障害／定義の違いによるすれ違いへの対応

できごと

自分のやり方が通らないとパニックを起こして思い通りにしようとする生徒がいる。
他の生徒もそれを許している。

これまでの感じ方・考え方

考え方・とらえ方

私は、
- 生徒は、集団のルールに従うべきだ（〜べき）
- 守らせていない教師は、能力が足りない（〜思い込み）
- 他の生徒も、自分に協力すべきだ（〜べき）
- 副校長として、自分がここで引くわけにはいかない（〜ねばならぬ）

と考えた。

気持ち
怒り
プライド

これまでのやり方

不適切な行動と結果

（自分）
- たけおを頭ごなしに叱りつけた。
- たけおの持ち物を取り上げた。
- 他の生徒には、協力するように命じた。

（周囲）
- 嫌そうな表情をされた。
- 不信感を強めた。
- 課題には取り組まなかった。

同じできごとへの感じ方や考え方を変えてみる

考え方・とらえ方

私は、
- たけおは、授業の見通しが立たないのかもしれない。（別の可能性を考える）
- たけおへの指導のゴールは何かを考える。（トンネルの外側を見る）
- 人に行動をコントロールされるのは嫌だが、自分ではコントロールできるかもしれない。
- 他の生徒もどうしていいかわからないのだと考えた。（相手の立場に立ってみた）

と考えた。

気持ち
たけおへの優しさ
生徒の困り感への共感

適切な方法

望ましい行動と結果

（自分）
- たけおに授業中であることを伝える。
- 本は、どこまで読んだらプリントをやれるかを尋ねる。
- 他の生徒にはプリントを渡して、やっておくように指示を出す。

（周囲）
- たけおは、しばらく本を読んでから、プリントのできそうなところを終わらせ、また本を読むようになった。
- 他の生徒は、落ち着いて課題に取り組んでいた。

事例9　不注意から誤解が生じやすい生徒　　（高校生）

　勇くんは、高校１年生です。中学時代から落ち着きがなく、天候によって気分の浮き沈みが激しくなります。多動性・衝動性が高く、中学時代はけんかをして相手や間に入った先生にけがをさせることがしょっちゅうでした。

　医療機関にかかってはいるものの、投薬はあっても自分で効果が感じられないため飲んでいません。

　勇くんは音やさわられた感覚の強さや方向をとらえるのが苦手です。後ろから声をかけられると、斜め後ろなのか真後ろなのかがわからず、振り返ったときに目に入った相手が話しかけたと思ってしまいます。

　天候の変化も苦手です。天気が良いときは気分がいいのですが、どんより曇っているとイライラして落ち着きません。また、相手がイライラしていると、自分もイライラし始めます。

　高校に入学してすぐトラブルが起こり、毎日のように勇くんをめぐってトラブルが続きました。

　技術の時間に一人で違うものを作り始めたが、注意すると目が三角になったのでそのままやらせておいたという報告、授業中に彼を注意したわけではないが、彼のほうを向いて声を大きくしたらものすごい形相でにらまれたという報告、トイレの手洗い水を出しっ放しにしていたので止めるように言ったら「俺が出したんじゃない」と言い張ってその場から逃げた。明らかにうそだとわかっているのに「俺はやってない」と言い張ることがよくあることも報告されました。

　一方、調子がよいときは、授業でとてもよい発言をすることや、小学校で一緒だった中２の女子のところに休み時間はよく行っていて、そこではおだやかに話に混じっていることなどがわかりました。中学校からの申し送りはありません。

　中学の担任の先生に問い合わせてみたところ、多動の傾向はあったけれども周囲が彼の性格を理解していたので、トラブルになってもすぐに収まったというのです。勇くんが興奮したら、周囲がまずあやまったり気持ちを受け止めてから事情を丁寧に説明していたのだといいます。

　また、勇くんが苦手なことはやらなくてもよいことになっていたそうです。そのため勇くん自身は自分でコントロールする必要がなかったようです。

　このような対応は、高校ではできそうにありません。トラブルのたびに周囲と勇くんの言い分が異なり、先生たちもことが起こるたびに「またか」という気持ちになってきていた６月のできごとです。

　教室で勇くんの後ろにいた２人がふざけていたところ、勇くんの肩にぶつかってしまいました。ちょうど、少し離れたところでも勇くんのうわさをしていた男子２名がおり、勇くんはその２人がぶったと勘違いしたようです。彼らに向かっていくときに近くの机にぶつかり、机は倒れ、はずみで勇くんは相手に乗りかかってしまいました。

　廊下を歩いていた担任は、大きな音と生徒

が叫ぶ声を聞き、見ると机が倒れて横で勇くんが別の生徒に馬乗りになっています。大急ぎで引き離しにかかりました。以下はそのときのやりとりです。

先生（以下、先）：あぶないだろう、やめろ。（勇くんの片手をつかみました。）

勇：はなせよ。こいつらが先に殴ってきたんだよ！（先生の手を振り払います。その手が先生のほほにあたりました。「ビチャ」という音がして、勇くんが先生の方を向きます。）

生徒1（うわさをしていた男子生徒）：先生までなぐってやがる。

勇：やってね〜って言ってんだろ。こいつが勝手に！

先：落ち着け、勇。（さらに、つかんでいる腕に力が入ります。）

勇：いて〜な。暴力教師！　この手、離せよ。

先：君が落ち着くまで、危険なので離せない。いったい、何があったんだ。

勇：こいつらが、殴り掛かってきたんだよ！

生徒1：なんもしてないですよ。やられたのこっちですよ。

勇：さっき、なぐっただろうが！　うそつくんじゃね〜。

生徒1：相手まちがえてんじゃねーの？（と後ろを指さす）

勇：（振り向くと、別の2人が見ている）人のせいにすんな！　俺はお前がやったのを見たんだよ。あやまれよ！

先生1：落ち着きなさい！　私が見た限り、彼らは何もしていない。

勇：なんだよ！　グルかよ。俺は悪くね〜。

勇くんはさらに暴れて、先生の手をふりほどこうとします。野次馬もたくさん集まってきました。

さて、先生はどのような対応をすればよかったでしょうか。トラブルを見つけた場面をアンガーチャートを使って整理してみます。

先生の認知：

・また、勇の早とちりにちがいない
　　　　　　　　　　　　　　（過度な一般化）

・いま収めておかないと、この後もっとトラブルが広がる　　　　　　　（過度な一般化）

・なんで、中学の教員は指導してこなかったんだ　　　　　　　　　（他罰・被害的）

・他の生徒も勇の特徴がわかってたら、気をつければいいのに　　　　　　　（他罰）

☆その結果、勇くんの興奮と周囲の生徒への憤りから以下のような行動をとってしまいました。

行動：

・感覚過敏のある勇くんにいきなり身体接触した

・いちおう勇くんの言い分は聞いたが、他の生徒と自分の見方で判断した

行動の結果：

（自分）トラブルを収めることができず苛立ちが増した

・勇から殴られたり引っかかれてケガをした

・保護者を呼ばなくてはならなくなった

・報告書を書かなくてはならなくなった

（勇くん）わかってもらえない孤独感や担任

への不信感を強めたかもしれない
・家でも親から叱られ、しばらく学校を休んだ
（他の生徒）勇への嫌悪感を強めたかもしれない

　この場面で勇くんが興奮を収められるような対応をするために、先生は以下のような状況のとらえ方と行動を考えてみました。

変えた認知と行動
認知：
・いきなり身体接触すると勇は驚くから、声掛けの方法を考える
　　　　　　　　　（相手の立場に立ってみる）
・事実を確認してみよう
　　　　　　　　　（別の可能性を考える）
☆この結果、先生は勇くんや相手の生徒のイライラと自分の気持ちを分けてとらえることができ、冷静さを取り戻すことができました。

行動：
・まず、野次馬を外に出す
・「勇、先生、離すぞ〜」と声をかけてから相手を引き離す
・「どうした。二人ともまず落ち着こう」と冷静にさせる
・一人ずつ、話を聞く

　この対応で大切なのは、余計な刺激を外すことです。また、勇くんに素早く冷静になってもらうためには、身体接触は極力避ける必要があります。

　引き離すことが目的なら、離しやすい相手を引き離し、周りに誰もいない状態で二人と話をする環境をつくることが環境調整としてまず必要になります。

　落ち着いた状態で、誤解があることがわかったら、両方の言い分を聞いておきます。その上で、お互いにどうしてほしいのかについてを伝え合い、調整がつかないところは、先生預かりにして、以後二人で勝手にそのことで対決しないように約束させます。

　この場合は、悪口や暴力をお互い二度と言わないしないという約束をすることになります。勇くんをたたいたできごとについては、別に相手がいるはずなので、とりあえず、その痛みや驚きについて受容しますが、これも先生預かりにすることが大切です。問題を解決する場合は、その場の問題に焦点を当て、過去のことや他の人のことは、その場では扱わず、先生預かりにすることを勧めます。

　また、預かった問題については、生徒同士では対決しない約束もしておくことが必要になります。

(事例9) 不注意から誤解が生じやすい生徒への対応（高校生）

これまでの感じ方・考え方

できごと

大きな音と怒鳴り声がしたので見ると、ADHDの生徒が他の生徒の上に馬乗りになっている。
机もひっくり返っていた。

考え方・とらえ方

私（先生）は、
- また、勇の早とちりに違いない（**過度な一般化**）
- 今回抑えないと、この後もっとトラブルが広がる（**過大**）
- なんで中学の教員は指導していなかったんだ（**他罰**）
- 他の生徒も勇の特徴がわかっていたら、気をつければいいのに（**他罰**）

と考えた。

気持ち
イライラ
あきれる

これまでのやり方

不適切な行動と結果

（自分：先生）
- 感覚過敏のある勇にいきなり身体接触した。
- 一応、勇の言い分は聞いたが、他生徒と自分の見方で判断した。
- 結果：（自分）けがをした、保護者を呼んだ、報告書を書いた。

（勇君）
- わかってもらえない孤独感や担任への不信感を強めたかもしれない。
- 家でも親から叱られ、しばらく学校を休んだ。

（他の生徒）
- 勇への嫌悪感を強めたかもしれない。

同じできごとへの感じ方や考え方を変えてみる

考え方・とらえ方

私は、
- 身体接触をすると驚くので、声掛けの方法を考えよう。（**他の可能性をさがす**）
- 事実を勇にも確認してみよう。（**相手の立場に立ってみる**）

と考えた。

気持ち
落ち着いた

適切な方法

望ましい行動と結果

（自分）
- まず、野次馬を外に出す。勇に「先生が話をするぞ」と声をかけてから近づく。「どうした、2人ともまず落ち着こう」と声をかけてから1人ずつ話を聴く。

（周囲）
- 周囲の生徒が落ち着き、場所をあけてくれた。
- 視線が減ったので、勇も少し落ち着いた。

事例10　保護者の不安をあおってしまった担任

　かなえさんはADHDです。外からの刺激に弱く、ちょっとした声や音にも反応します。いろいろな物が目に入るので、友達の話し声や行動が人一倍気になります。小学1年の先生は40代の女性で、話が多いので授業中他の生徒も落ち着かず、かなえさんも何をしていいかわからずに勝手に動き回っていました。

　勝手なことをしているとすぐに追いかけられて怒られるので、逃げ出すことの繰り返しでした。特別支援の先生をつけてもなかなか落ち着きませんでした。

　クラスには同様の子が複数いて、2年では学級崩壊。担任は転出しました。3、4年は他校から来た元気のいい先生が持って楽しく授業をする中、かなえさんも落ち着いてきました。

　お母さんの不安や要望は、担任の先生が引き受けてよく話を聞いてくれたので、お母さんは信頼し、通級や外部でのトレーニング、医療機関等にもかかるようになりました。

　かなえさんはしだいに学校で落ち着いて授業を聞けるようになりましたが、自分が外部で指導されているよう、他の子を注意したくなってしまいます。

　このクラスには、かなえさんと似たタイプのまさるくんがいるのですが、まさるくんは保護者の了解が得られないので、特別支援は受けていません。自分の言い分が通らないと暴力をふるったり、悪口を言ったり、遊びの最中にふいとどこかに行ってしまったりします。子どもたちは、まさるくんを怒らせないように仲間に入れたり、なだめたりしていたのですが、みんながまんの限界になっていました。5年生の先生は、トラブルが起こると全体をきびしく注意しますが、解決は子どもに任せています。

　子どもたちはできるだけトラブルにならないようにまさるくんが落ち着かなくなってもやりすごすようにしたのですが、かなえさんはまさるくんが勝手なことをしているのが気になってしかたがありません。いろいろ世話をするので、まさるくんからちょっかいをかけてくるようになりました。

　先生は支援が必要な子どもの席を、自分が対応しやすいように前のほうに集めています。かなえさんの席はまさるくんのとなりです。かなえさんは、何度も先生に「席を替えてほしい」と訴えましたが、「あなた一人の意見で替えられないでしょ」と断られていました。おかげでかなえさんは、ストレスがたまってしまい、落ち着きがなくなって、家でお母さんや弟に暴言や暴力が増えてしまいました。

　お母さんも1年生のときから学校には迷惑をかけてきたので、できるだけ我慢していたようですが、あまりにも落ち着かなくなってきたのと、かなえさんが「学校に行きたくない」と言いだしたり、朝から起きられない状態が出始めていたので、教室の様子を見に行くようになりました。

　クラスが落ち着いていないので、他の保護者と相談して担任に何とかしてもらおうと話していた矢先のできごとです。

図工の時間に、まさるくんが自画像をどう描いていいかわからないでぶつぶつ独り言を言っているのをかなえさんが振り返って「おにぎりみたいに描けばいいじゃん」と言いました。おにぎりというのは、まさるくんが気にしている頭の形に似ているので、まさるくんはかなえさんの頭を後ろから殴りつけ、首を絞め始めました。

驚いた周りの子が止めに入って、まさるくんはやめたのですが、担任の先生は、「何をさわいでるの！」とまさるくんと周りの子を外に連れ出して、事情を聴き始めました。

まさるくんは「俺は何もしてないのに、いきなりかなえがおにぎり頭って言った」と興奮しまくっています。

周りの子に先生が事情を聴くと、そうだと答えたので、先生は教室に帰って、「かなえちゃん、おにぎり頭を描けって言ったの？」と尋ねました。かなえさんがうなずくと、「何でそんなひどいこと言ったの？ 相手が傷つくこと言っちゃいけないって、先生ずっと言ってるよね」とかなえさんを責めました。

かなえさんが「でも、まさるくん、頭なぐってきた」と頭と首を指しても、「腫れていないし、だいじょうぶ。それよりまず、まさるくんにあやまりなさい」と言われました。かなえさんは、日頃のストレスもたまっていましたが、グッとこらえて「ごめんなさい」とあやまったそうです。

それを見ていたゆりさんが、さすがに先生の対応はおかしいと思って、家に帰ってからお母さんに伝えたそうです。そして、ゆりさんの母親がかなえさんのお母さんのところに電話をくれたので、事情がわかりました。

かなえさんは、この日帰るなり、「もう学校に行きたくない」と怒りまくって、家で興奮が収まらず、ずっとしゃべり続けていたのです。これまでのことが次々に出てくるので、お母さんとしてもいったい何が今日のことかがわからずに困っていたところでした。

ゆりさんのお母さんから事情を聴き、先生の対応はおかしいということで、学校にノートでかなえさんが学校に行きたがっていないこと、まさるくんのことで相当ストレスを抱えていること、すぐに席を替えてほしいことを訴えました。すると、ノートには、「子どもたちからも事情を聞きましたが、かなえさんが悪口を言ったことは事実です。頭を叩かれたことについては、先方に連絡しましたので、保護者同士での対応はしないでください」という返事でした。まさるくんの親御さんからお詫びの電話はありませんでした。

お母さんは、かなえさんには「学校休んでいいよ」と伝えましたが、かなえさんは自分が負けたことになるのはいやだし、授業が遅れるのはいやだからと翌日も遅刻しながらも学校に行きました。

遅刻の理由を、かなえさんは「お母さんともめたから」と伝えていたため、担任の先生は家庭の問題として校長先生に報告をしていました。

お母さんは、学校からの対応が何もないので、担任の先生に直接事情を聞くことにしました。ところが、担任の先生の対応は以下のようだったのです。

母：かなえは、学校に行きたくないと言ってます。朝から起きられないし、落ち着きが

なくなっていて、学校に出すのも大変なんです。まさるくんとはすぐに席を離してください。

担：一人のことで、席替えしたら、他の子どもへの影響はどうでしょう。

母：一人って、みんな迷惑してるじゃないですか。

担：このあいだの林間学校では、まさるくんとみんな仲良くやってましたよ。

母：それは、まさるくんが１年生からずっとあの調子なので、周りの子どもたちが怒らせないようにがんばってるからですよ。

担：そうやって、支え合うのが子どもなんだし、子ども同士で解決しているんだから、大人が手を出しすぎたらいけないでしょう。

母：じゃあ、かなえにいつまで我慢しろっていうんですか？

担：お母さんがそうやって、神経質になるから、かなえさんが不安になるのではないですか？ 学校のことはこちらに任せてくれませんか。

母：いままで任せていて、どうにもならないからお願いしてるんじゃないですか！

担：まさるくんだって、少しずつ良くなっているんだから。見守りましょうよ。

母：うちでは、きちんと病院に行ったり、トレーニングを受けたりしています。まさるくんは何をしているんですか？ トレーニングが必要なのは、あっちでしょう！

担：それぞれのご家庭の事情がありますし、保護者とは話をしています。

母：どんな話をしているんですか？ こっちは暴力をふるわれても、相手は何も言ってきませんけど。

担：それは、プライバシーの問題ですから。

母：うちのときは、あっちこっち行けって言われたし、トレーニングの内容も全部伝えてきましたよ。

担：そうやって、かなえさんもみんなに助けられてきたじゃないですか。特別支援だって受けてるし、（と、支援員を見る。特別支援の先生もうなずく）。

母：それは、感謝してます。でも、かなえは学校に行きたくないって言ってるんですよ。

担：今日は、ちゃんと来てるし、学校ではそんなふうには見えなかったですよ。

教室で、養護教諭と特別支援担当の先生が同席した中でのやりとりでした。お母さんは、このあと、からだじゅうの震えがとまらなくなり、校長に相談することにしました。

お母さんを怒らせないために、担任の先生はどのような対応をすればよかったのでしょう？ 相談を受けた校長先生は、担任の先生の対応をアンガーチャートに整理してみました。

担任の先生の認知：
・かなえさんのお母さんは難しい人であるという思い込みがある
　　　　　　　　　　（被害的、とらわれ思考）
・まさるくんの保護者は強いので、できればかかわりたくないという思いがある
　　　　　　　　　　　　　　　（被害的）
・子どもの問題は、子どもたちに任せればいい
　　　　　　　　　　　　　　　（他罰的）

- 見た目穏やかに過ごしているのだから、だいじょうぶ　　　　　　　　　（過小評価）
- 教育委員会に相談に行かれても、先に報告を出しておけばだいじょうぶ　（過小評価）

☆以上から、担任の先生はできるだけかかわりたくないという気持ちを持っていると、校長先生は理解しました。

担任の先生の行動：
- お母さんの言い分を聞かず、家庭の問題として話を進めた
- まさるくんへの対応について、プライバシーの問題だと言って答えなかった
- 自分の主張を通そうとした
- 意図的ではないが、お母さんがキレる場面をつくって、周りの人にも悪いのはお母さんであるという印象を与えてしまった

　このタイプの先生の認知を変えるのは、容易ではありません。お母さんから相談を受けた校長は、まずは現状を観察に行き、お母さんが言うことのほうが正しいことを認識しました。

　そこで、担任の先生に「子どもが学校に行きたがらないというのは、相当なことである。学校内でのストレスを早急に減らすように」という強い指導が入ったそうです。それでも、すぐに席替えはなく、子どもたち全員に「誰の隣ならだいじょうぶか」というアンケートをとったそうです。

　約3週間後、ようやく席替えが行われ、かなえさんはまさるくんとは遠い席になりました。担任の先生からの連絡はありません。また、まさるくんへの具体的な指導は行われていない様子で、トラブルは続きます。

　かなえさんは、席が離れたので気にしないようにしているものの、休み時間のまさるくんの態度は変わらず、かなえさんにもちょっかいを出してきます。無視をしていてもしきれず、家では相変わらず荒れているので、親子間のトラブルも増えてしまいました。

　担任の先生は、お母さんの希望通り対応したのにまだ荒れているのは、家庭の問題であるとして校長に報告しました。校長先生としては中立に事情を聞かなくてはならないので、お母さんから相談が来ても「受容的には聴くけれども、具体的な介入は控える」ようになってしまったそうです。

　これは、とても難しいケースです。かなえさんには低学年のときに離席、教師の指示に従わない、遅刻等いろいろな逸脱行動がある上に、お母さんからの要望も強かったため学校側はその対応に疲弊していたという経緯があります。そのため、どうしてもお母さんの訴えを受容的に聴くことができません。要望の電話が数時間続くということが少なくなかったからです。

　また、このクラスには発達上や生活指導上で課題のある子が多く、担任を選ぶのに毎年苦労します。お母さんの言い分を聞くタイプの先生だと、細かい要望に振り回されて疲弊してしまいますから、強く言える現担任のようなタイプをつけたのですが、お互いの主張がかみ合わないようです。

　校長先生としては、できるだけ問題がない状態にして、次の学年に渡したいのです。

　実際に観察に入ってみると、学級は荒れて

います。学級の状況を安定させるにはどうすればいいのでしょうか。校長先生の立場でこの先生に対応するには、担任の先生に以下のような認知の変容を促す必要があります。

認知の変容：
・校長は、担任の意向を理解してくれる存在である　　　（トンネル思考を外してみる）
・このまま、保護者の言い分を拒否し続けたらどうなるかを考えてみる　　　（極論）
・保護者ができるだけ口を出さないために、かなえさんが学校で落ち着いた生活ができる方法を考えてみる　（視野を広げてみる）
☆このように認知を変えることで、校長への不信感を軽減し、敵意がなくなることで、協力体制を築く基盤をつくることにしました。

行動：
・校長が、担任の先生の望んでいる結果を聞いてみる
・保護者が、学校のことに口を出さないために、かなえさんが学校で落ち着いた生活ができる方法を考えてみる
・まさるくんの保護者にかかわらなくても、まさるくんが落ち着く方法（支援員を入れる等）を考えてみる
・担任の疲労を減らす方法を考えてみる

次の面談で、担任の意向を聞いた上で教室に学力増進のための支援員をつけることにしました。また、まさるくんの学習の支援や、休み時間に仲間割れしないように、縦割り遊びをして、6年生の男性の先生の協力をあおぐことにする提案をしてみました。

担任の先生には休み時間は職員室で休んでもらうようにして、授業に集中できるような環境をつくってみる提案をしたところ、担任は受け入れました。

また、かなえさんのお母さんには、校長から、「学校ではこのような対応をすることにしたので、かなえさんがいろいろ言ってきても、あまり不安がらずにどんと構えて、聞き役になってあげてください」と伝えたそうです。

お母さんは、「学校が何もしてくれないから、自分がなんとかしないと家庭が壊れると思って不安でたまらなかった」と訴えてきたそうです。もともと不安が高い親子なので、どちらかが揺れると、共揺れしがちです。

また、依存的なところもあるので、具体的に誰かが解決に向かって、動いてくれると安心するようでした。

(事例10) 保護者の不安をあおってしまった担任の認知を校長が変える

これまでの感じ方・考え方　　　　これまでのやり方

できごと

「対応が難しいお母さんからの訴えが学校に毎日のように来て困る」と担任から報告がある。
保護者からは担任が対応してくれないと相談が入った。

考え方・とらえ方

私（校長）は、
担任は、以下のように考えていると考えた。
・かなえさんのお母さんは難しい人であるという思い込みがある
（**被害的、とらわれ思考**）
・まさる君の保護者は強いので、できれば関わりたくないという思いがある（**被害的**）
・個別対応が必要な生徒の席は固めておいたほうがいい（**一般化**）
・学校に来ているのだからお母さんが言うほど心配ない（**過少**）
・何で自分がこのクラスを担当しないといけないのか（**被害**）

不適切な行動と結果

（担任）
・お母さんの言い分を聞かず、家庭の問題として話を進めた。
・まさる君への対応についてプライバシーの問題だと言って答えなかった。
・自分の主張を通そうとした。
・意図的ではないが、お母さんがキレる場面を作って、周りの人にも悪いのはお母さんであるという印象を与えてしまった。

気持ち
孤独
苛立ち

同じできごとへの
感じ方や考え方を変えてみる　　　　適切な方法

考え方・とらえ方

私（校長）は、
担任に以下のように考えてもらえる方向性を考えた。
・校長は、担任の意向を理解してくれる存在である。
（**トンネル思考をはずしてみる**）
・このまま、親御さんを拒否し続けたらどうなるかを考えてみる。
（**極論を考えてみる**）
・保護者が口を出さないために、かなえさんが学校で落ち着いた生活ができる方法を考えてみる。
（**視野を広げる**）

望ましい行動と結果

（自分：校長）
・担任の先生が望んでいる結果を聞いてみる。
・保護者が学校のことを心配しないために、かなえさんが学校で落ち着いた生活ができる方法を考えてみる。
・まさる君の保護者に関わらなくても、まさる君が落ち着く方法を考えてみる。
・担任の疲労を減らす方法を考えてみる。

気持ち
不信感、
敵意の軽減

事例11 こだわりタイプと衝動性タイプのトラブル（小学生）

　一郎くんはASDの小学校6年生、カズくんはADHDの5年生です。学校にある放課後の活動教室で一緒に遊びたいのですが、いつもトラブルになります。

　礼儀正しく、一定のやり方に従いたい一郎くんは、カズくんがルールを勝手にやぶってしまうのが気に入りません。また、人の話の途中で割り込んで、自分が知っていることを話し出すことにもイライラしています。

　一方、カズくんは一郎くんが注意してくるのが気に入らず、反射的に「消えろ。帰れ」と叫んでしまいます。

　ボランティアのお兄さんたちは、できるだけ2人の間に入ってトラブルがないようにしていたのですが、ある日、雨で教室内で遊ぶことになりました。ムシムシしている上に狭いのでみんななんとなく落ち着きません。

　縦割りの小グループをつくって活動することになり、小学校1年生から自己紹介を始めたときのことです。我慢できずに自分の話をし始めたカズくんに、一郎くんが小さい声で「うるさい。だまれ」と言いました。

　カズくんはおかまいなしに話し続けます。「人が話してるときは聞けよ！　聞けないんだったら帰れ」と注意が飛びました。

　カッとなったカズくんが飛びかかろうとしたので、ボランティアのお兄さんがクールダウンのためにカズくんと廊下に出ました。カズくんはぶつぶつ言っていましたが、何とか収めて戻ったところ、別の子が話を始めていたので「オレ、さっきの聞いてない」と言うのを聞いて「人の話は黙って聞けって言うのがわかんないのか。お前の頭はどうなってんだ」とまた一郎くんから注意が飛んだため、カズくんは一郎くんの足を蹴りました。まずいと思って、止めようとしたお兄さんの手もカズくんに当たってしまい、カズくんも興奮し始めました。

　以下は2人を廊下に出してのやり取りです。

ボランティア（以下、ボ）：カズくん、まず、蹴ったことをあやまろう。

カズ（以下、カ）：やだ。あいつが悪口言ったのが悪い。

一郎（以下、一）：オマエのマナーが悪すぎるんだろう。声でかすぎなんだよ。

カ：一郎に話してないだろう。内容がわかんないから聞いただけじゃないか。あの子は答えてたじゃないか。関係ないのはどっちだよ。

一：だから、お前の順番じゃないだろう。だいたい、この前だって電車の中でブツブツ言って騒いでたし、もう来んな！

ボ：一郎くん、来るか来ないか決めるのはカズくんで、君にはその権利はないよ。

一：じゃあ、こいつ黙らせてよ。

ボ：一郎くん、カズくんが怒ったわけわかる？君は足を蹴られて痛いけど、カズくんは君の言葉で傷ついてるんだよ。

カ：そうだよ！　こいつが先に悪口言ったのが悪いんだよ！

一：何、オレが悪いことになってるの？　お兄さんはカズの味方？

ボ：どっちが悪いとか言ってるんじゃないだ

ろう。まず、お互いがやったことをあやまろうよ。
カ・一：ふん。（知らん振りをしてしまいました。部屋の中では、低学年の児童がおろおろしながら待っています。お兄さんはそっちが気になって、早く中に帰そうとしたのですが、うまくいかなかったようです。）

さて、お兄さんは2人とも怒らせてしまいました。そこで、カズくんと一郎くんにはしばらく他のスタッフがついていることにして、放課後活動教室のリーダーの先生がお兄さんを呼んで話を整理することにしました。

認知：
・暴力や暴言はいけないことだ
　　　　　　　　　　　　　（Black or White）
・素早く収めて、教室に戻らないといけない
　　　　　　　　　　　　（〜ねばならぬ思考）
・ケンカは両成敗だ　　　　（〜べき思考）
・また、この2人だ　　　　　　（被害的）
☆この結果、お兄さんは2人に対して情けない気持ちや、待っている子どもたちへの申し訳なさから、すばやく終わらせたくなってきてしまいました。

行動：
・カズくんの言い分を聞かずに、まずあやまるという不快刺激を与えた
・カズくんの言い分もわかるので、一郎くんの暴言も指摘した
・一人ずつがマイナスのことを言うと、それを止めにかかった　　　（〜べき思考）

行動の結果：
（自分）うまく対応できずに自己嫌悪。二人とは別のグループを担当したくなった。中の担当者が助けてくれないことへの苛立ちが出た
（カズくんと一郎くん）遊びの時間が減った。自分への不信が高まったかもしれない
（中の子どもたち）不安が広がって、このあとトラブルが出やすくなるかもしれない

ここまで整理できたので、ボランティアのお兄さんは次のように認知を変えることができました。

認知：
・二人がもめている背景を探ってみよう
　　　　　　　　　　　　　　（視野を広げる）
・二人は遊びたくて来ているのだから、共通してできることを探してみよう
・中の子どもたちは、何分くらい待てるだろうか　　　　　　　　　（量を当てはめる）
☆その結果、焦りが減って子どもたちの意志や自主性を尊重する気持ちが出てきました。

行動：
・まず、中の子どもたちに「5分待っててね」と伝え、その間、自己紹介は進めずにもう一人のボランティアのお姉さんに簡単な遊びをしてもらう
・二人に、「中は5分、自己紹介しないで待っててくれる」ことを伝えて安心させる
・いつになくイライラしている背景を聞いてみる

113

・これからどうしたいのかを聞いてみる
　　　　　（その場の問題に焦点を当てる）
　以下は、整理したあとでのボランティアのお兄さんの介入です。

ボ：中の子たちには、5分、自己紹介を待っててもらうように伝えたから、その間に話し合いを終えよう。
一：オレはネチッこいから、そう簡単には収まらないんだよ。
カ：八つ当たりしないでよね。
ボ：さて、二人は、これからけんかしたいの？それともみんなと楽しく遊びたいの？
カ：遊びたい。
一：……。
ボ：同意してくれてありがとう。二人ともさ、いつもよりイライラしてるよね。外遊び楽しみにしててくれた？
一：そうだよ。木の舟つくって持ってきたんだよ。できたビオトープの小川に浮かべられるって言ってたからさ。ずっとつくってたんだよ。
ボ：そうか。それは、がっかりしたよね。
カ：オレだってバッタ採ろうと思ってかご持ってきてたんだよ！
ボ：そうだったんだね。二人とも楽しみにしてたのが、外遊びできなくてイライラしてたんだね。それをぶつけちゃったかな。
カ・一：……。（お互いを見ている）
ボ：楽しみにしててくれてありがとう。じゃあ、教室でそれを使えるように工夫してみようか。
カ：あ、蛇口のところに水はってさ〜。
一：ばーか。どうやって、そんなに水ためられるんだよ。会館の人に怒られちゃうよ。おまえはどうして使い方がわからないかな。
ボ：二人ともいい意見出してくれてるね。じゃあ、まずは教室に戻って、自己紹介をしてから、これから二人の道具を使ってどうやって遊べるかをみんなで考えてみようか。

　カズくんはころっと機嫌を直して、たたいたことをあやまりましたが、一郎くんは「もうちょっと落ち着いてから入る」と言って、しばらく教室の隅でみんなの自己紹介を聞いてから仲間に入りました。

　この対応で大切なのは、本当に解決しなくてはいけないことは何かをすばやく理解することです。ASDタイプの子はこだわりがありますから、目の前のことを引き起こしている元の感情やできごとを想像して解決していく必要があります。
　一方、ADHDタイプの子は、目の前のことが解決すると気分転換ができます。このギャップがあるので、両者を同じペースで収めようとすると解決すべきことがずれてしまうことがあるのです。
　ボランティアのお兄さんは、「イライラの背景」を目の前の言い争いの内容から「楽しみにしていた外遊びができなかった」ことへと視野を転換しました。
　また、「量を当てはめる」ことで5分間で話を終えるという見通しを立てました。2人とも「遊びたい」という目標は同じで、「外遊びができなかった」悔しさも共感できた段階で、一気にこれからどうやって楽しく過ごすかのほうに話をシフトしています。

(事例11) こだわりタイプと衝動性タイプのトラブルへの対応

これまでの感じ方・考え方　　これまでのやり方

できごと

放課後活動で、PDDの子どもとADHDの子どもが暴言を言い合い、ADHDの子が暴力を振るったので、2人を外に連れ出した。

↓

考え方・とらえ方

私は、
- 暴力や暴言はいけないことだ（**白黒**）
- 素早く収めて、教室に戻らないといけない（**〜ねばならぬ**）
- ケンカは両成敗だ（**〜べき**）
- またこの2人だ（**被害的**）

と考えた。

気持ち
情けない
苛立ち

→

不適切な行動と結果

（自分）
- カズ君の言い分を聞かずに、まず謝りなさいという不快刺激を与えた。
- カズ君の言い分もわかるので、一郎君の暴言も指摘した。
- 1人ずつがマイナスの事を言うと、それを止めにかかった。

結果：（自分）
自己嫌悪、別のグループを担当したくなった。他の担当者への苛立ちが出た。

（カズ君と一郎君）
- 遊びの時間が減った。自分への不信が高まったかもしれない。

（中の子どもたち）
- 不安が広がって、トラブルが出やすくなるかもしれない。

同じできごとへの
感じ方や考え方を変えてみる　　適切な方法

考え方・とらえ方

私は、
- 2人がもめている背景をさぐってみよう。（**視野を広げる**）
- 共通したゴールがないかをさぐってみよう。
- 中の子どもたちは、何分くらい待てるだろうか。（**量を当てはめてみる**）

と考えた。

気持ち
2人の
自主性への尊重
安心

→

望ましい行動と結果

（自分）
- 中の子どもたちに5分待っててねと伝える。
その間、自己紹介は進めずにお姉さんに簡単な遊びをしてもらう。
- 2人に、「中は5分自己紹介しないで待っててくれる」ことを伝えて安心させよう。（見通しを立てる）
- 2人にイライラしている背景を聞いてみる。

事例12 いじめられていると被害的な子（小学生）

こうくんは小学校4年生です。感覚統合が悪く、運動は苦手です。

小さいころからおだやかな性格で、何でも「いいよ」と受け入れたり譲ったりしてきましたが、4年生になって先生にいろいろ訴えるようになってきました。「誰も僕を仲間に入れてくれない」「みんないじわるする」「勇くんがいつも僕のことをにらんでる」というものです。

授業中に先生がよく観察してみましたが、他の子どもたちは普通に接しています。

ある日のこと、校庭の砂場のまわりで陣取りをしているときに、こうくんがコーナーをとっていたのですが、勇くんがすっと隣に来て、こうくんの肩を押しました。こうくんはそのままコーナーから降りて、しょんぼりとどこかに行ってしまいました。また、ぶらぶら歩いているだけなので、誰も呼び込みません。休み時間にそのできごとを訴えてきたこうくんに、先生はこのように接しました。

こ：今日も勇くんはいじわるでした。僕のいる場所をわざととったんです。
先：そうか？ 先生見てたけど、勇くんはちょっと押しただけだったよ。
こ：いつもそうです。そうやって、僕を追い出すんです。
先：あそこで、あきらめずにもう一度乗ればよかったんじゃないのかな。他の子はそうしてるよ。
こ：だって、誰も入れてくれませんでしたよ。いつだってそうです。
先：もう少し、まわりを見てみたらどうだろう。みんなそんないじわるには見えないけど。頼んでみたの？
こ：前もやりましたけど、だめでした。
先：今日はやったの？
こ：先生は、みんなの味方なんですね。もう、いいです。どうせ僕の気持ちなんて誰にもわからないんだ。

こうくんはこの後の時間、保健室で布団をかぶって寝ていたそうです。

養護教諭がこうくんの話を聞いて担任の先生の誤解を解きたいと考えました。放課後、養護教諭と担任の先生が今日のできごとを振り返ってアンガーチャートに整理してみました。

認知：
・こうくんは被害的にとらえすぎる。もっと柔軟な考え方をさせないといけない
（〜ねばならぬ思考）
・勇くんは、そんなに怖い子じゃない
（過小評価）
・クラスの子ももう少し、助けてあげればいいのに　　　　　（被害的、他罰）
☆先生は、こうくんにもクラスにも、情けない、あきれたという気持ちがあったことに気づきました。

行動：
・こうくんの言い分を聞かず、とらえ方が間違ってると指摘した

・こうくんができそうにないアドバイスをした

行動の結果：
（自分：先生）
・こうくんと話し合いを最後までできなかった
・こうくんの保護者に心配をかけてしまった
（こうくん）
・授業に出なかった
・担任の先生はわかってくれないと思い込みを強くしたり、勇くんをもっと怖がるようになったかもしれない

　養護教諭と話しているうちに、担任の先生は以下のように状況をとらえ直すことができました。

認知：
・こうくんがなぜ被害的にとらえるのか背景を考えてみよう　　　　（視野を広げる）
・こうくんがすぐあきらめてしまう背景には、どんな感情や社会性が不足しているのかを考えてみよう　（別の可能性を考える）
・周囲の子どもが、気づいてくれるようにするにはどうしたらいいかを考えてみよう
　　　　　　　　　　　　（視野を広げてみる）
・勇くんが押したのは、コーナーがほしいかうで、こうくんが嫌いなわけではないことに気づいてもらうにはどうしたらいいかを考えてみよう　　　（別の可能性を考える）
☆こう考えた結果、先生は子どもたちへの情けなさが軽減して、それぞれの困難な状態への共感が生じました。

行動：
・こうくんを呼んで、遊びの状態を図に描いてみた
・こうくんが陣取りでなぜコーナーが好きなのかを聞いてみた
・勇くんにコーナーを取られない方法を一緒に考えてみた
・次の外遊びのときに、一緒に試すことにしてみた

　この段階で大切なのは、先生がこうくんの目線に立って解決策を探る姿勢を見せることです。こうくんは被害的な認知で固まっているので、少しでも否定されると「全否定」にとらえがちな過度な一般化をしているためです。

　まずは、一つのできごとをていねいに聴き、視野を広げることで「先生は一緒に考えてくれる人」「先生と一緒に振り返ると、糸口が見えること」の体験をしてもらうことが大切になります。

(事例12) いじめられていると被害的にとらえる子への対応

できごと

陣取りで、自分が先に取った場所を取られてしまったと思ったこう君が、みんながいじめると言いつけに来た。

これまでの感じ方・考え方

考え方・とらえ方

私は、
- こう君は被害的に捉えすぎる。もっと柔軟な考え方をさせないといけない
（～ねばならぬ）
- 勇君は、そんなに怖い子じゃない
（過少評価）
- クラスの子も、もう少しこう君を助けてあげればいいのに
（被害的、他罰）

と考えた。

気持ち
情けない
あきれ

これまでのやり方

不適切な行動と結果

（自分）
- こう君の言い分を聞かず、捉え方が間違っていると指摘した。
- こう君ができそうにない行動（他の子にいつも言っている）をアドバイスした。

結果：（自分）
- こう君と話し合いを最後までできなかった。
- こう君の保護者に心配をかけてしまった。

（こう君）
- 授業に出なかった。
- 担任の先生はわかってくれないと思い込みを強くしたり、勇君をもっと怖がるようになったかもしれない。

同じできごとへの感じ方や考え方を変えてみる

考え方・とらえ方

私は、
- こう君がなぜ被害的に捉えるのか背景を考えてみよう。
（視野を広げる）
- こう君がすぐあきらめてしまう背景には、どんな感情や社会性が不足しているのかを考えてみよう。
（別の可能性を考える）
- 周囲の子どもが、気づいてくれるようにするにはどうしたらいいかを考えてみよう。
（視野を広げる）
- 勇くんが押したのは、コーナーが欲しいからで、こう君が嫌いなわけではないことに気づいてもらうにはどうしたらいいかを考えてみよう。
（別の可能性を考える）

と考えた。

気持ち
情けなさは軽減
共感的

適切な方法

望ましい行動と結果

（自分）
- こう君を呼んで、遊びの状態を図に描いてみた。
- こう君が陣取りでなぜコーナーが好きなのかを聞いてみた。
- 勇くんにコーナーを取られない方法を一緒に考えてみた。
- 次の外遊びのときに、一緒に試すことにしてみた

第3章

ワークシート編

気持ちを整理するノート

★ 日常のストレスを整理するために、気持ちの記録をつけておくことをお勧めします

月　　日	気持ち	その気持ちになった できごとや理由
月　　日		
月　　日		
月　　日		
月　　日		
月　　日		
月　　日		
月　　日		
月　　日		
月　　日		

できごとを整理するシート①　「自分の刺激と反応を整理する」

　どのようなことがあったり言われたりすると、あなたはどのような行動をしたりどのようなことを言ったりしますか？　整理してみると自分のパターンが見えてきます。

〈記入例〉

できごと		自分の言動とその結果 起きたこと
授業中に生徒が勝手におしゃべりをしている	→	「静かにしなさい」と何度も注意しているうちに、説教になってしまう
余裕がないところに、上司から新しい仕事を頼まれる	→	断われずに、無理をして体調を崩したり、家族に負担をかけたりしてしまう

1　うまくいかないときのパターン

できごと		自分の言動とその結果起きたこと
	→	
	→	

2　うまくいくときのパターン

できごと		自分の言動とその結果起きたこと
	→	
	→	

できごとを整理するシート②　「行動を相手との関係で整理する」

どのようなことがあったり、どのようなことを言われたりすると、あなたはどんな行動をしたり言ったりしますか？　整理してみると、自分のパターンが見えてきます。

〈記入例〉

相手の言動

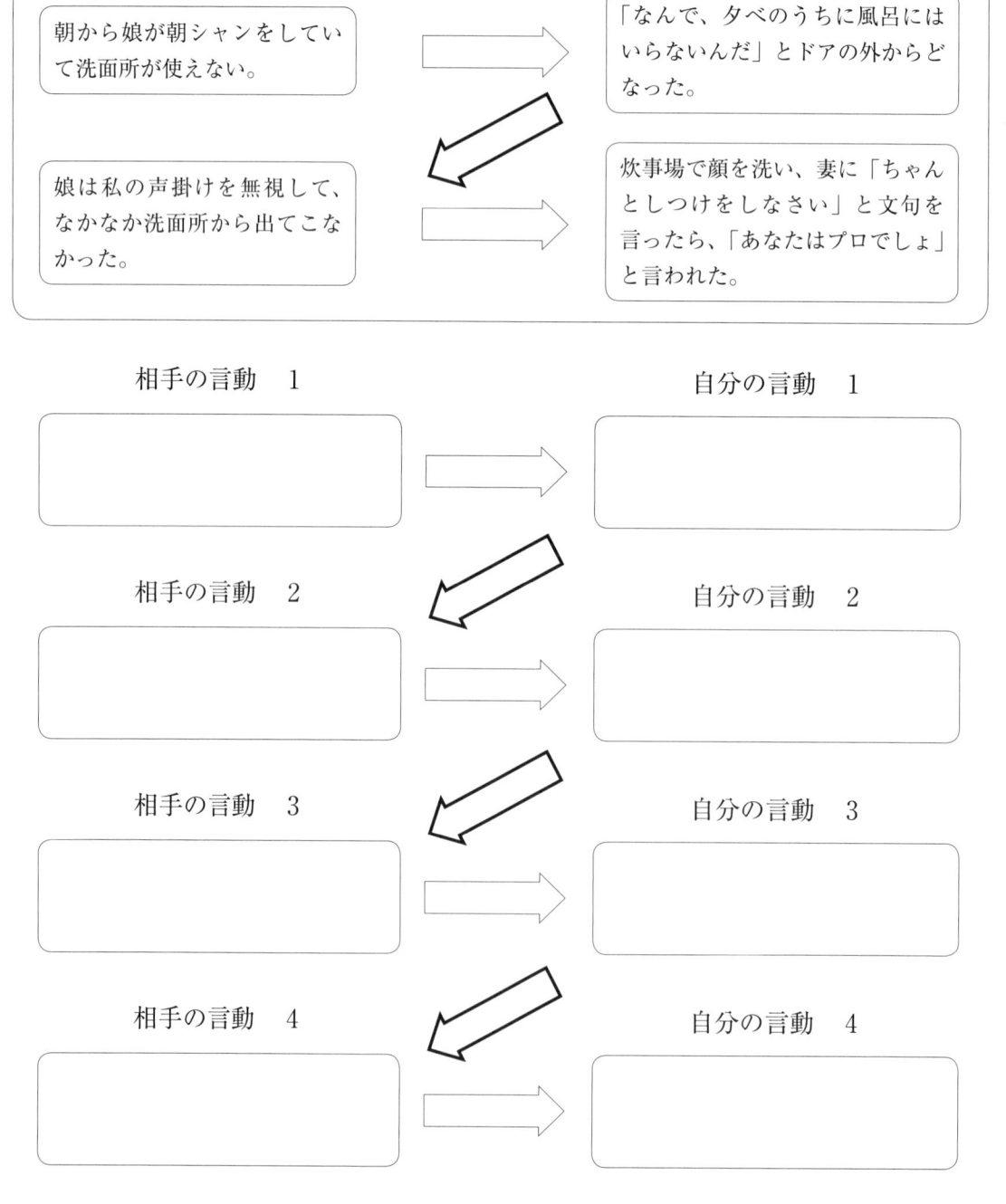

朝から娘が朝シャンをしていて洗面所が使えない。

娘は私の声掛けを無視して、なかなか洗面所から出てこなかった。

自分の言動

「なんで、夕べのうちに風呂にはいらないんだ」とドアの外からどなった。

炊事場で顔を洗い、妻に「ちゃんとしつけをしなさい」と文句を言ったら、「あなたはプロでしょ」と言われた。

相手の言動　1　→　自分の言動　1

相手の言動　2　→　自分の言動　2

相手の言動　3　→　自分の言動　3

相手の言動　4　→　自分の言動　4

アンガーチャート

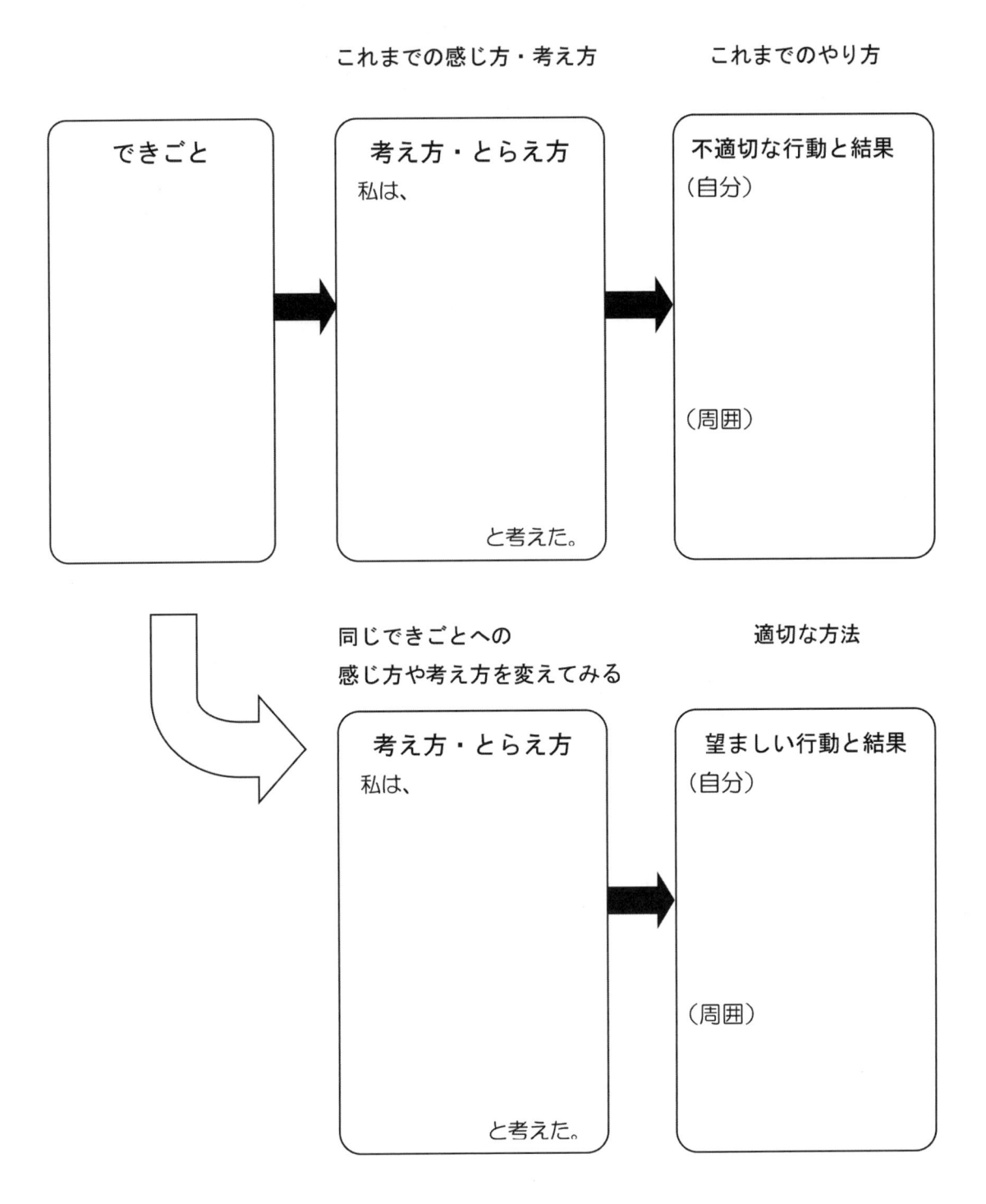

　　　　　　　これまでの感じ方・考え方　　　これまでのやり方

| できごと | 考え方・とらえ方
私は、

と考えた。 | 不適切な行動と結果
（自分）

（周囲） |

　　　　　　　同じできごとへの　　　　　　　適切な方法
　　　　　　　感じ方や考え方を変えてみる

| 考え方・とらえ方
私は、

と考えた。 | 望ましい行動と結果
（自分）

（周囲） |

わたしのSOSリスト

身体のサイン	考え方のサイン	気持ちのサイン

黄色信号のときにできることリスト

身体への対応	考え方への対応	気持ちへの対応

赤信号のときにできることリスト

身体への対応	考え方への対応	気持ちへの対応

アンガーマネージメントに役立つ教材　本田恵子考案

表情ポスター

SSTカード

SST2択展開カード
「このあとどうなるの?」

表情カード

レスキューノート

アンガーマネージメントプログラム

〈お問い合わせ先〉
SST関連の教材：(株) クリエーションアカデミー　http://www.meltcom.co.jp/
アンガーマネージメントプログラム（発達障害児用、小学校、中学校・高校用、非行傾向が強い少年用、保護者用など）、
レスキューノート（子育て編）：しろくまデザイン　wbear414@gmail.com

おわりに

　本書は、キレやすい子へのアンガーマネージメントの3部作の続編です。

　児童・生徒への対応書としては、『キレやすい子の理解と対応——学校でのアンガーマネージメント・プログラム』(2002年)が概論、『キレやすい子へのソーシャルスキル教育——教室でできるワーク集と実践例』(2007年)が予防教育、『キレやすい子へのアンガーマネージメント——段階を追った個別指導のためのワークとタイプ別事例集』(2010年、いずれも、ほんの森出版)が暴力やいじめ、不登校などの深刻化した事例についての個別対応について解説しています。

　ここ数年、暴力やいじめ、発達障害のある児童・生徒への具体的な対応を学校現場で求められることが多くなり、先生方への研修を重ねるなかで本書が生まれました。

　日本の学校には、学習、生活、対人関係、行事の運営、放課後活動など、子どもを健全に育てるための教育のすべてが任されているような風土があります。一方で、それを担わ れる先生方への教員養成課程では、その内容が履修されていないことが多いのです。

　先生方は現場で授業準備を進めながら、児童・生徒、その保護者への対応に日々追われています。本書を読まれた先生が、「現場対応はこうすればいいのか」と気づかれ、「これなら自分にもできそうだ」と感じられて、少しでも児童・生徒への対応に安心して取り組めるようになることを願ってやみません。

　最後に、キレにくい子には「思考力」があります。全体を見通す広い視野、これをしたらどうなるかという先を見通す力、そして、なぜこういうことが起こったのだろうと振り返る力です。

　全体像が把握できれば、本書にある「認知の変容」や「別の可能性」が見えやすくなります。教室が落ち着いてきたら、ぜひ次の段階として「思考力」の育成に取り組んでください。

著　者

著者紹介

本田　恵子（ほんだ　けいこ）

早稲田大学教育学部教授
公認心理師・臨床心理士・学校心理士・特別教育支援士SV
アンガーマネージメント研究会代表

中学・高校の教師を経験したあと、カウンセリングの必要性を感じて渡米。特別支援教育、危機介入法などを学び、カウンセリング心理学博士号取得。

帰国後は、スクールカウンセラー、玉川大学人間学科助教授等を経て現職。学校、家庭、地域と連携しながら、児童・生徒を包括的に支援する包括的スクールカウンセリングを広めている。

2000年代になってからは、矯正教育の専門家を対象としたアンガーマネージメント研修の講師なども務め、学校やカウンセリングの現場、特別支援教育や療育に欠かせない、子どものためのソーシャルスキル・トレーニングの教材開発にも取り組んでいる。

主な著書に、『キレやすい子の理解と対応——学校でのアンガーマネージメント・プログラム』（ほんの森出版、2002年）、『脳科学を活かした授業をつくる——子どもが生き生きと学ぶために』（みくに出版、2006年）、『キレやすい子へのソーシャルスキル教育——教室でできるワーク集と実践例』（ほんの森出版、2007年）、『キレやすい子へのアンガーマネージメント——段階を追った個別指導のためのワークとタイプ別事例集』（ほんの森出版、2010年）、『いまじん　どうなる？　どうする？』（監修、梧桐書院、2013年）、『いまじん2　わくわくたんけん』（作、梧桐書院、2014年）、『インクルーシブ教育で個性を育てる　脳科学を活かした授業改善のポイントと実践例』（梧桐書院、2014年）、『改訂版　包括的スクールカウンセリングの理論と実践——子どもの課題の見立て方とチーム連携のあり方』（編、金子書房、2019年）がある。

「アンガーマネージメント研究会」連絡先　http://anger-management.jp

先生のためのアンガーマネージメント
対応が難しい児童・生徒に巻き込まれないために

2014年8月10日　初　版発行
2019年4月15日　第3版発行

著　者　本田　恵子
発行人　小林　敏史
発行所　ほんの森出版

〒145-0062　東京都大田区北千束3-16-11
電話 03-5754-3346　fax 03-5918-8146
URL　https://www.honnomori.co.jp
印刷・製本所　電算印刷株式会社

©HONDA keiko 2014　Printed in Japan

ISBN 978-4-938874-94-0　C 3011　　落丁・乱丁はお取り替えします